AVALIAÇÃO:
subsídios teórico-práticos para a gestão em saúde

Dados Internacionais de Catalogação na Publicação (CIP)
(Câmara Brasileira do Livro, SP, Brasil)

Avaliação : subsídios teórico-práticos para a
gestão em saúde / organizadoras Mercedes
Trentini, Ezia Maria Corradi. — São Paulo :
Ícone, 2006.

Bibliografia
ISBN 85-274-0873-2

1. Saúde - Avaliação 2. Serviços de saúde -
Administração I. Trentini, Mercedes. II. Corradi,
Ezia Maria.

06-5130   CDD-362.1072

Índices para catálogo sistemático:

1.   Gestão : Saúde : Avaliação : Bem-estar
        social   362.1072

Organizadoras:
Mercedes Trentini
Ezia Maria Corradi

AVALIAÇÃO:
subsídios teórico-práticos para a gestão em saúde

© Copyright 2006.
Ícone Editora Ltda.

Capa e Diagramação
Andréa Magalhães da Silva

Revisão
Rosa Maria Cury Cardoso

Proibida a reprodução total ou parcial desta obra,
de qualquer forma ou meio eletrônico, mecânico,
inclusive através de processos xerográficos,
sem permissão expressa do editor
(Lei n° 9.610/98).

Todos os direitos reservados pela
ÍCONE EDITORA LTDA.
Rua Anhanguera, 56/66 – Barra Funda
CEP 01135-000 – São Paulo – SP
Tel./Fax.: (11) 3392-7771
www.iconeeditora.com.br
e-mail: iconevendas@yahoo.com.br

Autoras Organizadoras

Mercedes Trentini – Graduada pela Escola de Enfermagem Alfredo Pinto (RJ). Especialista em Condições Crônicas Renais pela University of California San Francisco (USA). Mestre em Saúde do Adulto pela Universidade Federal de Santa Catarina (UFSC) e Doutora em Enfermagem pela University of Alabama at Birmingham (USA). Professora aposentada pela UFSC, fundadora do Núcleo de Convivência em Situações Crônicas de Saúde (NUCRON). Atuou, nos anos 90, como professora visitante na UNIRIO, na Universidade Federal do Paraná (UFPR) e na Universidade de Concórdia (UnC). A partir de 2001 foi contratada pela Pontifícia Universidade Católica do Paraná (PUCPR) para assessorar a pesquisa no curso de enfermagem que, para isso, criou um Grupo de Estudos denominado "Articulando os Processos de Cuidado, Educação e Gerenciamento em Enfermagem (GECEG)". Professora convidada pelo Curso de Gerontologia Biomédica (GERONBIO) da Pontifícia Universidade Católica do Rio Grande do Sul (PUCRS) para orientação de dissertações de mestrado e teses de doutorado.

Ezia Maria Corradi – Enfermeira graduada pela PUCPR. Professora Adjunta da Pontifícia Universidade Católica do Paraná na disciplina de Administração de Serviços de Saúde/Enfermagem. Especialista em Enfermagem do Trabalho e Administração de Serviços de Saúde. Mestre em Educação pela PUCPR. Atuou como Chefe de Departamento do Curso de Enfermagem da PUCPR 1985 - 88. Diretora da

Divisão dos Serviços de Enfermagem e Apoio do Hospital Universitário Cajuru – PUCPR de 1991 a 1999. Presidente da Associação de Professores da PUCPR de 2002-2004. Membro do Grupo de Estudos Articulando os Processos de Cuidado, Educação e Gerenciamento em Enfermagem - linha de Pesquisa Gerenciamento do Cuidado.

Sumário

Prefácio, 9

Fundamentos Teóricos da Avaliação, 11
Ana Maria Coelho Pereira Mendes
Lucia Izabel Czerwonka Sermann

Avaliação Institucional de um Hospital Universitário – Proposta de Indicadores, 49
Ezia Maria Corradi

Planejamento Estratégico e Avaliação em Unidade Básica de Saúde, 67
Marcia Regina Cubas

Pesquisa Avaliativa, 93
Mercedes Trentini

PREFÁCIO

Mudanças significativas estão se operando no conceito e na aplicação da avaliação. Durante muito tempo a avaliação esteve atrelada aos conceitos de controle e *feedback*, principalmente nas empresas. Isto consistia em verificar se tudo estava sendo realizado de acordo com o que fora planejado e determinado. Caso contrário procedia-se o *feedback*. Ou a retroalimentação que levava à correção de falhas.

Hoje se entende a avaliação como um processo dinâmico, sistemático e contínuo. Não se avalia apenas para diagnosticar uma determinada situação, mas também e principalmente rever o que está sendo realizado e propor a readequação de atividades.

A idéia da retroalimentação permanece mas o enfoque é outro.

Em um processo ensino-aprendizagem avalia-se o aluno, sem o objetivo de reprová-lo. O propósito é verificar como está a compreensão dele em relação ao que está sendo estudado e se necessário, ajudá-lo a superar as dificuldades. Assim, a avaliação é compreendida como instrumento de correção, de redirecionamento e não como ferramenta de punição.

A avaliação pressupõe dois princípios básicos: participação e reflexão.

Participação significa o envolvimento dos atores no processo como um todo, desde a concepção, definição de metodologia, execução e interpretação dos dados. Em se tratando de uma instituição de ensino, os atores serão naturalmente os professores, alunos e pessoal técnico-administrativo.

Na área de prestação de assistência à saúde os principais sujeitos do processo de avaliação, serão os profissionais que nesse tipo de organização trabalham e todos os usuários, de uma maneira geral.

O segundo princípio, o da reflexão, é o que permite, após a interpretação dos dados, o estabelecimento de ações corretivas e de melhoramento. Esse momento de auto-reflexão é fundamental para se evitar que a avaliação se torne mero instrumento de coleta de dados com fins diagnósticos.

À medida que as pessoas avaliam, não apenas como respondentes de um questionário, mas como partícipes de um processo, incorporam-se à organização como co-responsáveis pela sua missão, pelo seu planejamento estratégico, bem como pela sua responsabilidade social com a coletividade da qual fazem parte e na qual se inserem.

Desta forma a avaliação passa a ser vista como instrumento de gestão e planejamento, fornecendo elementos para a tomada de decisões.

Instituições de educação e instituições de atenção à saúde são hegemônicas no aprimoramento da qualidade – ambas são responsáveis pela vida em todas as suas dimensões. Uma escola prepara as condições de vida para as relações do mundo social, e uma instituição de saúde atende para a permanência destas condições – tanto física quanto mental (hoje se fala em uma terceira dimensão, que é a espiritual).

A avaliação é a garantia do compromisso coletivo com a qualidade nestas dimensões. Não somente como uma política pública, mas também como um dever de cidadania de todo profissional consciente de seu papel na sociedade.

Por isso, sinto-me confortável em afirmar que a avaliação é para a qualidade em saúde condição para reunir, contextualizar, globalizar, reconhecer o singular, o individual e o concreto, sem reduzir a pragmática do dia-a-dia. Assim, ao esclarecer os problemas organizacionais, sociais e políticos pelo caminho da ética e da solidariedade, não se reduz nem a ciência, nem a filosofia, mas, como eixo sinérgico, une possibilidades em ações efetivas e reais.

Como profissional na área da saúde e envolvida com a educação pela força determinante da trajetória profissional dos últimos tempos, posso dizer, então, que a avaliação tem sido instrumento de mediação para engajar domínios científicos e práticos, e em especial, tem sido a garantia de re-construção e re-organização diária, tendo em vista o compromisso com a qualidade e com vida, em todas as suas dimensões.

Neuza Aparecida Ramos
Pró-Reitora Acadêmica da
Pontifícia Universidade Católica do Paraná

FUNDAMENTOS TEÓRICOS DA AVALIAÇÃO

Ana Maria Coelho Pereira Mendes
Lucia Izabel Czerwonka Sermann

A avaliação é um processo contínuo, sistemático e complexo. Não é uma ação pontual. Implica no julgamento de mérito ou valor, o qual é um aspecto de extrema relevância para qualquer instituição que pretenda otimizar seus resultados. Os professores avaliam a aprendizagem dos alunos, os diretores, a competência dos professores, os departamentos, a eficiência administrativa e a eficácia dos resultados que produz. Avaliam-se currículos, programas, métodos, horários, atividades, produção de conhecimentos, impacto de cursos, mudança de regime acadêmico, livros-textos, entre outros exemplos.

Quando debatemos granularmente um contexto podemos perder a noção de todo que lhe dá coerência e significado. Por isso, Dias Sobrinho enfatiza que, "organizados intencional e socialmente, os elementos objetivos e quantitativos adquirem uma significação de cultura, de conjunto articulado, constituem uma forma concreta e integradora, tornam real a sua qualidade. Sem juízo de valor, não há avaliação, só medida. Sem o quantitativo, não há o qualitativo" (DIAS SOBRINHO, 1997, p. 87). Reforçando esta idéia, o autor alerta sobre o uso das medidas quando estas são descontextualizadas.

"As análises quantitativas, as medidas objetivas, a cientometria, os exames e os testes pontuais e somativos, os gráficos, as estatísticas, as listas numéricas são insuficientes e até mesmo perniciosos, se entendidos isoladamente e fora do contexto de sua produção e de sua execução. Mas, como não pode haver qualidade sem quantidade, também não pode haver uma avaliação qualitativa consistente que não tenha por base concreta os dados quantitativos da realidade (*idem*)".

A avaliação funda-se em valores ou parâmetros e padrões de referências normativos, técnicos-científicos, etc.

Não podemos deixar de debater o significado etimológico que a palavra *avaliação* evoca com correlação direta do significado que a palavra *valor* desperta culturalmente, politicamente, socialmente e economicamente. Dias Sobrinho (1997) aborda esta relação, ressaltando que a avaliação

"põe em relevo o sentido mais central de sua etimologia: os valores. Não é simplesmente questão de controle e de competências de áreas específicas. É questão de críticas, de debates públicos, de conflitos, de negociação, de preocupação com o processo, com o contínuo e com o interesse pelo social, é a busca de construção de uma visão de conjunto" (p. 80).

A avaliação tem sido compreendida como momento de reflexão sobre o processo histórico de construção da qualidade de uma organização, em especial, neste texto, das universidades. Para que isto seja possível, fazem-se necessários espaços e situações de um contexto específico, pois estes refletem o ideário da sociedade e compõem o seu cotidiano. A avaliação tem, também, a perspectiva de respostas sociais, pela ambiência, dinâmica e conhecimento que permeiam os processos que nela acontecem. Considera-se que a "educação de qualidade é, por isso, o fator primordial de desenvolvimento dos povos, sobretudo na pretensão de que este desenvolvimento seja humano e sustentado" (DEMO, 1994, p. 12).

As relações sociais que permeiam a avaliação para obtermos informações sistemáticas dentro de um contexto, requer procedimento de engajamento, sensibilização com esclarecimento dos objetivos da avaliação junto à comunidade acadêmica e aceitação contratual ou subentendida de um compromisso com relação aos usos e possíveis conseqüências da avaliação. Podem ser encorajadas ou não, de acordo com a posição relativa na hierarquia de poder daqueles que estão a favor ou contra os programas.

O processo de avaliação gera um banco de dados com informações que são usadas no planejamento e monitoramento contínuo, e por esse motivo são influenciadas por motivações gerenciais e políticas. E, justamente por isso, o potencial da avaliação é ser um diferencial ao fornecer informações úteis sobre programas institucionais. Para que isto ocorra, é necessário que exista compromisso para o uso da avaliação como um instrumento democrático gerencial para aprimorar o conhecimento e auxiliar o processo decisório.

A avaliação requer combinar e comparar dados de desempenho com um conjunto de metas e intenções. A avaliação institucional refere-se à avaliação da própria organização, segundo alguns critérios consagrados:

- Da coerência e relevância social de sua missão institucional.
- Da sua inserção na comunidade.
- Da sua competência organizacional e gerencial.
- Da atualidade de seus propósitos e processos de ação.
- Da sua flexibilidade para responder a antigas e novas demandas sociais.
- De seus valores e cultura institucional.
- Da sua capacidade de estabelecer parcerias na realização de ações de maior alcance.
- De sua visibilidade e legitimidade social.
- Do seu "tamanho" e "peso" na esfera pública.

"O objetivo central de uma avaliação é aferir a capacidade da organização de apreender os novos contextos/desafios e oferecer respostas com maior grau de efetividade às demandas de seu público-alvo e sociedade" (CARVALHO, 1998, p. 2).

A avaliação como atividade científica tem diversas dimensões de análise. Seu sentido conotativo ou denotativo converge para objetivos e espaços diferentes.

> "Quando tentamos precisar o conceito de avaliação e examinamos o emprego que dele se faz, constatamos que se trata de um termo elástico, pois tem usos diferentes e pode ser aplicado a uma gama

bastante variada de atividades humanas. Se consideramos o termo avaliação em sua acepção ampla, deparamos com definições como a da Real Academia Espanhola: avaliar é 'assinalar o valor de uma coisa'. E se tomamos a definição genética de um dos principais autores em matéria de pesquisa avaliativa – Scriven – verificamos que para ele avaliar é um 'processo pelo qual estimamos o mérito ou o valor de algo'. Assim pois – e sempre como uma primeira aproximação – podemos dizer que avaliar é uma forma de estimar, apreciar, calcular. Em sentido lato, a palavra avaliação se refere ao termo valor e supõe um juízo sobre algo. Em outras palavras, a avaliação é um processo que consiste em emitir um juízo de valor. Trata-se, pois, de um juízo que envolve uma avaliação ou estimação de 'algo' (objeto, situação ou processo), de acordo com determinados critérios de valor com que se emite o juízo" (AGUILAR; ANDER-EGG, 1994, pp. 17-18).

Fundamentos da Avaliação

A avaliação do sistema educacional tem relação direta com o desenvolvimento econômico dos povos, ao ser atribuído como caminho para tal os conhecimentos transmitidos pela educação. "Há uma preocupação, nas primeiras décadas do século XX, tanto nos Estados Unidos como na Inglaterra, em associar, de maneira bastante estreita, o processo sócio-econômico à valores e conhecimentos transmitidos por intermédio da educação" (VIANNA, 2000, p. 47). E isso vai exigir que todos os níveis educacionais sejam reformulados com ênfase "na atuação mais eficiente dos educadores no gerenciamento da administração institucional, e novas estruturas curriculares, assim como novas estratégias de ensino" (p. 47).

No campo da política de educação a avaliação diagnóstica refere-se à avaliação de aprendizagem, incluindo-se aí sua relação com modelos pedagógicos. Em um outro plano, a avaliação da educação pode significar a própria avaliação institucional.

Historicamente a avaliação no campo de educação pública centrou-se na aprendizagem. Barreira (2000), ao estudar a avaliação participativa recorre a Saul (1988) para analisar a evolução do processo no âmbito das instituições de educação.

Na área da educação, a avaliação esteve mais centrada no aluno, na aferição de sua aprendizagem. Nos Estados Unidos e na Europa, até meados dos anos 70, praticamente toda literatura disponível sobre avaliação concentrava-se na avaliação da aprendizagem. Somente a partir desse período é que se desenvolveram estudos avaliativos de currículos, material didático, intencionalidade das políticas, comparação entre opções de políticas públicas e, mais recentemente, a avaliação institucional (*apud* BARREIRA, 2000, p. 58).

Os métodos de avaliação sobre modelos pedagógicos e sua eficácia remontam aos estudos de Alfred Binet com os estudos para medir inteligência, realizados nos Estados Unidos e na Inglaterra, em que os resultados de testes de inteligência eram relacionados ao desempenho da escolaridade do aluno pesquisado. Supera-se o modelo referenciado no valor absoluto de testes de rendimento e surge o modelo referenciado a padrões, em que o desempenho tem relação direta com o grupo de inserção do aluno.

Foi assim o início da idolatrização da curva normal, que domina a área da avaliação até meados dos anos 60, quando os teóricos da avaliação, entre os quais Cronbach e Bloom, começaram a contestar a idéia de que o fracasso do aluno era responsabilidade exclusivamente sua, sem participação do sistema, da escola e do próprio professor (VIANNA, 2000, p. 48).

Neste caso, as concepções em avaliação apontam para apostas no processo ensino-aprendizagem como motor de desenvolvimento. A preocupação com a efetividade dos sistemas de educação está relacionada a estudos para elevar o nível de desenvolvimento das nações, no início do século XX, que naquela época eram consideradas em desenvolvimento segundo os padrões de IDH, hoje conhecidos como tal. Logo, a avaliação como procedimento de correção de rumos do sistema educacional nacional, foi instrumento de desenvolvimento econômico e social ao oferecer condições para o direcionamento dos projetos políticos relacionados a ele. E isto ocorre, justamente por se reconhecer o valor da educação no progresso dinâmico e sistêmico de uma nação.

> "Os anos 20 e 30 assistem a um desenvolvimento considerável dos testes padronizados de escolaridade. (...) Ao mesmo tempo a controvérsia entre currículo tradicional e currículo progressista, este na proposta de John Dewey, vai ter grandes repercussões. Tyler, ao lado de Dewey, no Movimento para a Educação Progressista, vai atuar no primeiro grande estudo de avaliação longitu-

dinal – The Eight-Year Study (1932-40) – para dirimir dúvidas sobre a eficiência diferencial de vários tipos de escola. (...) O estudo planejado por Ralph Tyler procurou responder ao questionamento da eficácia da escola tradicional em relação à escola secundária progressista" (VIANNA, 2000, p. 49).

Este tipo de avaliação vai considerar a comparação entre os objetivos propostos e os objetivos alcançados. "Tyler, em seu ensaio clássico – *General Statement on Evaluation* – (1942) deixa claro que cabe à avaliação verificar, periodicamente, até que ponto a escola demonstra eficiência como instituição responsável pela promoção da educação". Com esta concepção a avaliação, então, deve proporcionar subsídios para uma análise crítica da instituição, possibilitando a reformulação de sua programação curricular, (...) o aprimoramento dos programas, com a eliminação do inoperante e o desenvolvimento daqueles aspectos que se revelaram positivos. (...) A orientação do estudante, mais do que a simples transmissão de conteúdos nem sempre relevantes, seria outro dos objetivos propostos no plano de avaliação de Tyler (VIANNA, 2000, pp. 50-51).

Tyler alerta para o propósito social da educação, quando refere a sua vinculação com o desenvolvimento social. Ele deixa claro que

> " a sociedade global – apesar da redundância da expressão – deve atuar em consonância com a sociedade educacional, a fim de garantir a continuidade do saber humano em suas diferentes formas, responsabilidade prioritária da escola. A avaliação, portanto, serve de nexo entre a escola e a sociedade, que passa a ser informada dos problemas e pode intervir superando-os" (VIANNA, 2000, p. 51).

O protagonismo de Tyler na história educacional norte-americana, acentua-se quando ele concebe, na década de 60, o *National Assessment of Educational Progress* – NAEP –, com a proposta de avaliação periódica da situação do ensino nos Estados Unidos. Tal modelo de avaliação se mantém até hoje, "fornecendo importantes elementos para as correções necessárias e a identificação de pontos de excelência ou pontos críticos a serem enfrentados" (VIANNA, 2000, p. 54). Este modelo foi seguido por várias nações em desenvolvimento, sendo que no Brasil foi tomado como referência para o Sistema de Avaliação do Ensino Básico – SAEB, principalmente nas edições a partir de 1995. Isto se deve a participação do Brasil no desdobramento do NAEP no plano internacional, do qual as cidades de São Paulo e Fortaleza compuseram a amostra, em 1990, do IAEP – *International Assessment of Educational Progress.*

A metodologia adotada a partir de Tyler, com delineamento nos objetivos comportamentais e análise quantitativa, suscitou críticas de diversas visões epistemológicas das teorias de avaliação, imputando-lhe a face reducionista de um processo multidimensional, como é a educação. "A discussão remonta ao possível conflito entre os objetivos das ciências sociais e os das ciências físicas, que, dessa forma, por via de conseqüência, deveriam seguir, forçosamente, metodologias diferentes" (VIANNA, 2000, p. 55). A crítica aos procedimentos genéricos, como aplicar uma mesma unidade de avaliação para estudar o aprendizado de fenômenos naturais e sociais, enfatiza que os objetivos comportamentais são diferentes para áreas também diferentes. "O trabalho de Cronbach (*Course Improvement through Evaluation,* 1963) apresenta uma posição crítica face ao modelo objetivo de Tyler" (*idem*, p. 56), incorporando-se ao seu trabalho em outras versões. Mas o modelo psicométrico de Tyler atendia aos parâmetros de objetividade para o sistema como um todo, embora não contemplasse a criação artística deste mesmo sistema.

L. J. Cronbach, nesse artigo de 1963, analisa quatro aspectos da avaliação: I – a relação direta entre o processo de tomada de decisão e a avaliação; II – a funcionalidade da avaliação, como diagnóstico, como medida e como monitoramento, além de outros diferentes papéis que ela pode se prestar; III – o aprendizado efetivo do aluno como critério de avaliação do seu curso; e IV – técnicas de medida das quais o avaliador educacional pode se utilizar. Em síntese, para o autor, a avaliação "pode ser definida como um processo que visa à coleta e ao uso de informações que permitam decisões sobre um programa educacional", devendo, por isso, "ser entendida como uma atividade diversificada, que exige a tomada de vários tipos de decisões e o uso de grande número de diferentes informações" (VIANNA, 2000, p. 68). Ainda neste ensaio, Cronbach alerta

> "que as mensurações são importantes em avaliação educacional, mas não se deve ficar limitado ao escore pelo escore, ou apenas para fins de comparação de posições. O importante, no caso, é

que saibamos usar esses escores para uma descrição bastante ampla dos resultados obtidos. Por outro lado, é preciso, igualmente, que esses escores sejam indicativos das *mudanças ocorridas* e possibilitem identificar pontos críticos do currículo, do curso, do programa que precisam ser alterados ou submetidos a uma rígida revisão. A avaliação educacional, quando devidamente conduzida, serve para *reduzir o mito do valor do escore* (bruto) ou *de compósitos*. Na verdade, a grande fonte de informações está na análise das questões/itens e nas diversas respostas apresentadas, pois um item, isoladamente, fornece mais informações do que um simples escore" (grifo nosso) (*idem*, pp. 74-75).

Toda a análise empreendida por Cronbach é vista por Vianna (2000, p. 76), como a mais completa até agora realizada. Diz que ele "é uma das raras figuras na área educacional que domina os múltiplos e complexos caminhos da avaliação em suas diferentes perspectivas". O autor destaca o planejamento da avaliação como sendo relevante para a compreensão do contexto geral da avaliação.

Cronbach é de opinião de que a avaliação tem uma função política. Desse modo, as reações aos dados da avaliação têm uma motivação política. O planejamento de uma avaliação deve ter flexibilidade suficiente para atender à diversidade dos interesses das suas várias audiências, com as mais diversas expectativas possíveis (VIANNA, 2000, p. 75).

Isto se deve a crença que, por atingir diversas áreas de poder político, a avaliação, por si só, já seja um desafio a ser implantado. Embora atribua competências específicas ao avaliador, Cronbach alude procedimentos segundo roteiros criteriosos, o que foge da característica dinâmica do planejamento da avaliação, que ele mesmo cunhou como necessária. Por outro lado, ele orienta que "a responsabilidade na avaliação deve ser compartilhada por um grupo (a equipe de avaliação), o que possibilita uma análise e discussão sob diferentes perspectivas" (*idem*, p. 76).

O debate sobre modelos de avaliação que possam ser mais fidedignos à complexidade da realidade do sistema de educação, com diferentes determinantes históricos das nações, está longe de chegar a consenso. Mesmo porque as digressões personalíssimas dos avaliadores envolvidos seriam outros determinantes históricos da construção dos próprios sujeitos envolvidos. Draibe (2001, p. 2) denomina esta ingerência do avaliador de *estratégia de avaliação*.

Estudos, pesquisas e atividades de avaliação de políticas apóiam-se em um conjunto de decisões, conscientes ou não, tomadas pelo avaliador no início e ao longo do seu trabalho. É o conjunto dessas opções e preferências que definirá os objetivos, a natureza e o tipo de avaliação, assim como o plano privilegiado de estudo do objeto eleito. Tais escolhas integram o que, com alguma liberdade, se pode denominar *estratégias de avaliação*, conceito que entretanto abrange também as decisões metodológicas encaminhadas pelo avaliador e apontadas no desenho da investigação (grifo no original).

Daí podemos entender os diferentes modelos e as críticas relativas a operacionalidade, como atributo dos defensores de Tyler, ou fidedignidade, como atributo do modelo proposto por Cronbach, "a importância da avaliação e sua utilidade não são discutidas, o confronto estaria na limitação do modelo para a reformulação das experiências" (VIANNA, 2000, p. 58), o que não invalida o fato de que ela esteja proporcionando informações para as transformações necessárias ao desempenho educacional que determina, minimamente, a sua função na sociedade.

As características fundamentais para que uma avaliação atinja seu objetivo de contributiva na identificação de situações de uma dada realidade que se mostra ineficiente no provimento das demandas internas e externas, apontam que ela deva ser: I – responsiva, para atender as questões postas por diferentes grupos; II – iluminativa, para dar conta da multidiversidade dos determinantes de uma organização educacional; III – relevante para ser significativa ao processo decisório dos vários níveis de gestão; e IV – acessível, para que sua divulgação atinja os diversos grupos de interesse.

O julgamento realizado pela avaliação ancora-se em padrões e referências, fixa-se na necessidade de se estabelecer como alguma coisa deva ser, seja objeto, pessoas, programas, processos, etc., justamente para comparar o desempenho a tais padrões estabelecidos, identificando graus de discrepância entre a realidade e os parâmetros propostos. "Avaliação seria, assim, o julgamento do valor de algo, estabelecido a partir da discrepância entre os padrões e a performance" (VIANNA, 2000, p. 61).

Toda avaliação parte de padrões projetados para a situação a ser pesquisa, caracterizando-se como uma atividade para a qual se determinou *a priori*, o objetivo a ser alcançado.

> "Um procedimento habitual no estabelecimento de padrões é a realização de uma análise de componentes, no caso de programas educacionais, que são divididos e, às vezes, até mesmo subdivididos em vários de seus aspectos, com vistas à determinação de

diversos níveis de detalhe. A partir desse ponto, cada componente e subcomponente sofre uma análise para determinar o que é *input*, processo e produto. Os objetivos são os produtos (*outputs*); o que será feito, o processo; e tudo que é necessário para o processo (recursos financeiros, pessoal, material, pré-requisitos, etc.) constitui o *input*" (VIANNA, 2000, pp. 61-62).

O autor em tela destaca a contribuição de Eisner em relação à avaliação com vários trabalhos publicados desde 1967. Sua análise reporta-se à ênfase dada em se atingir uma ciência da educação, com leis de aprendizagem, conforme sugeria E. L. Thorndike, "que substituiriam a intuição e a habilidade artística (*artistry*) por conhecimentos e métodos" (*idem*, pp. 61-62). Para ele, tal situação iria promover uma super-simplificação de dimensões particulares, reduzindo a complexidade de uma organização educacional, o seu contexto e a sua construção determinada historicamente, "transformando qualidade em quantidade: um número, que é incapaz de expressar o simbolismo da criação artística" (*ibidem*, pp. 61-62).

Para VIANNA, Eisner, em seus estudos, antecipa a questão da qualidade em educação, objeto de debate nos dias fluentes, e, ao mesmo tempo, preocupa-se com a educação como atividade nomotética (estabelecimento de leis) e atividade ideográfica (estudo descritivo da individualidade), rejeitando o nomismo positivista e a idéia de que as ciências naturais exatas seriam o ideal para a compreensão da realidade (VIANNA, 2000, p. 63).

Os pressupostos teóricos de alguns modelos de avaliação se fazem necessário, pontuando que eles são os mais significativos para o debate, visto a influência que exercem nas iniciativas públicas e privadas da avaliação educacional de todo o território nacional, para compreendermos a lógica e as possibilidades deles. O que temos que ter em mente é que a construção de um modelo implica na incorporação de novos pressupostos, como contribuições de diversas áreas do saber, a partir de modelos já preexistentes que, por analogia e semelhança, são adaptados a determinadas situações. Ou seja, as variações dos modelos são determinadas pela construção teórica do avaliador, em sua trajetória epistemológica[1], ontológica[2], psicológica[3],

---

[1] Determinada pela visão de mundo decorrente dos debates significantes do sujeito coletivo.

[2] Determinada pela perspectiva humana historicamente determinada.

[3] Determinada pelos significados individuais de tornar-se pessoa: identidade, pensamento, outro.

cultural[4] e social[5]. São variações de modelos com base em focos e processos ou procedimentos valorizados pelo estudo empreendido. Isso implica, primeiramente, em fazer uma prestação de contas manifestas nos comportamentos das competências adquiridas nos programas de aprendizagem propostos na academia. Quando é aplicado na coleta de dados um formulário com a descrição de metas e competências adquiridas, com graduações variando entre *sempre* e *nunca* se busca quantificar as suas ocorrências. A tomada de decisão se refere a própria experiência da avaliação como processo dinâmico de coleta de informações em relação aos objetivos do programa educacional proposto alcançados ou não, estabelecendo a priorização das ações intervenientes necessárias. O pesquisador que se põe no contexto e vai sendo influenciado pelas demandas diretas dele, orienta a avaliação pela realidade em foco. Ou seja, as variações dos modelos têm base em focos e procedimentos valorizados na construção teórica do avaliador em contato direto com a realidade. As concepções postas orientam os procedimentos de avaliação.

> "1. Objetivos comportamentais – os objetivos são expressos em termos de desempenhos específicos do estudante e são medidos por testes referenciados a normas ou a critério. A abordagem foi proposta, inicialmente, por Tyler. O objetivo do modelo é a produtividade, *accountability*.
>
> 2. Tomada de decisão – a avaliação é estruturada levando em consideração a decisão a ser tomada. A metodologia tende a usar questionários e entrevistas (*survey*). A grande figura, na área, é Stufflebeam, com o modelo CIPP[6]. Eficiência e controle da qualidade são seus objetivos.
>
> 3. Independente de Objetivo (*Goal-Free*) – a idéia básica de Scriven foi a de minimizar os efeitos de vieses em avaliação. O avaliador não se orienta a partir dos objetivos do elaborador do programa; cabe-lhe, ao contrário, através da avaliação, determinar esses objetivos. A utilidade social é o objetivo do modelo.

---

[4] Determinada pelo contexto de inserção e significação de valores e normas enquanto ator.

[5] Determinada pela perspectiva crítica do sujeito-pessoa na sua relação com o sujeito-coletivo.

[6] O anagrama CIPP refere-se a contexto, *input* (insumos), processo e produto. Os autores enfatizam que a avaliação é processual, com o objetivo de melhorar uma situação, ao monitorá-la, e não provar se o produto final atendeu às expectativas propostas inicialmente. Cf. VIANNA, *Avaliação educacional e o avaliador*: teoria, planejamento, modelos, pp. 102-103.

4. Interação (*Transation*) – a abordagem parte dos próprios processos educacionais: – a sala de aula, a escola, o programa, na percepção de Stake. Utiliza-se de métodos informais de avaliação e uso de estudos de caso como principal figura nessa área. Podemos dizer que o modelo visa a compreensão e a identificação da diversidade" (VIANNA, 2000, p. 65).

O autor da análise destes quatro modelos de avaliação, House (1980) identifica a forte tendência empiricista de filosofia do liberalismo. Ele diz que a epistemologia liberal é objetivista, analisando a orientação gerencial (*management*) e o foco na *accountability*, ou seja, tanto na eficiência quanto na qualidade do produto ou resultado.

> "Um modelo de avaliação, apesar de bem estruturado, precisa ser modificado, para atendimento de especificidades de certas situações. A experiência de Madaus (In: Madaus (Ed.), 1993), na avaliação do programa de Testes de Competência Mínima, nesse sentido é bem elucidativa. O modelo original foi o *Adversary Model*, que sugere procedimentos da prática jurídica norte-americana" (VIANNA, 2000, p. 66).

O diferencial é que os procedimentos são de um júri, mas sem jurado para decidir sobre ganhadores e perdedores ou recomendações sobre o objeto de estudo. "Os grupos passariam a esclarecer os aspectos ligados à eficiência ou ineficiência do programa", considerando-se ainda a necessidade de controle de todo o processo, duração, grupos de debate, depoimentos que

> "deveriam sofrer modificações para que o modelo fosse efetivamente eficiente na tomada de decisão sobre o programa em questão. Um modelo, por mais cuidadoso que seja a sua estruturação, nem sempre é aplicável a qualquer situação avaliativa.
>
> O planejamento de uma avaliação deve fundamentar-se na concepção do que seja, efetivamente, uma boa avaliação. Um bom planejamento está associado ao aumento de benefícios decorrentes da avaliação e a escolha das alternativas de planejamento deve levar em consideração de que forma a avaliação afetará a educação e o ensino" (*idem*, p. 76).

As informações dela decorrentes só servirão ao processo de transformação da realidade se ela tiver crédito relevante ao serem incorporadas ao conhecimento dos diferentes públicos aos quais se destina.

"O valor de um avaliador não está apenas em levantar questões, mas em dar respostas aos problemas, comunicando-as de uma forma eficiente: de modo claro, rápido, com fidedignidade e validade, oferecendo informações alternativas que satisfaçam às várias audiências" (VIANNA, 2000, p. 76).

Barreira (2000, pp. 52-56), sintetiza as várias abordagens sobre avaliação e o desempenho do avaliador em relação às situações estudadas. Algumas delas têm significados relevantes para entendermos o processo de avaliação desencadeado na realidade estudada.

QUADRO 1. ABORDAGENS SOBRE AVALIAÇÃO

AS MÚLTIPLAS ABORDAGENS ALTERNATIVAS, TIPOS E FOCOS DE AVALIAÇÕES EM PROGRAMAS SOCIAIS	
Abordagem Avaliativa	**Características Principais**
Abordagem Colaborativa	Avaliadores e participantes diretos do programa trabalham juntos na avaliação.
Avaliação Participativa	Participantes diretos e indiretos são envolvidos no processo avaliativo.
Avaliação de Fortalecimento Emancipatório "Empowerment Evaluation"	Avaliação participativa conduzida no sentido da autodeterminação e emancipação dos participantes.
Avaliação CIPP	Distingue a avaliação em 4 fases: contexto, *input*, processo e produto. Enfatiza procedimentos sistemáticos para cobrir o esforço multifacetado da avaliação de programas.
Avaliação da Teoria da Ação	Quais as ligações entre *inputs*, atividades, resultados imediatos, resultados intermediários e impactos finais?
Avaliação Naturalista	Estuda situações reais à medida que elas surgem naturalmente, sem manipulação, sem controle, sem obstrução para que apareça. Vários tipos de avaliação estão nessa corrente naturalista: avaliação iluminativa, avaliação sensível e outras.
Avaliação Etnográfica	Estudo avaliativo com acento nas pautas culturais dos programas, dos grupos beneficiários e das instituições gestoras.
Avaliação Focada na Utilização	Qual informação é necessária e desejada pelos participantes diretos que será realmente útil na melhoria do programa e no processo decisório? Pode ser incluída nos outros tipos de avaliação.

Tipos de Avaliação	Características Principais
Avaliação Externa	A avaliação é conduzida por especialistas de fora do programa e independentes dele para aumentar credibilidade.
Avaliação Interna	Profissionais internos ao programa conduzem a avaliação.
Avaliação Formativa	Avaliação de processo e/ou de eficácia. Como o programa pode ser melhorado?
Avaliação Somativa	Faz um relato sobre o programa. Deve ser continuado? Funcionou ou funciona?
Avaliação Desenvolvimentista	O avaliador faz parte do grupo de elaboração, trabalhando em conjunto, por um longo período para o desenvolvimento contínuo do programa.
Avaliação Institucional	Aferir a capacidade das organizações em atualizar respostas do público-alvo.
Avaliação Política de Políticas	Avalia os critérios que fundamentam determinada política.
Avaliação Comparativa	Como dois ou mais programas definem e priorizam seus critérios específicos e seus indicadores de mudança.
Avaliação de Síntese	Sintetiza ensinamentos e/ou resultados e impactos de projetos similares.
Meta-Análise	Sintetiza estudos quantitativos em um tópico comum.
Meta-Avaliação	É a avaliação da avaliação, indiretamente, a avaliação dos avaliadores. A avaliação foi bem feita? Vale a pena utilizá-la? A avaliação correspondeu a padrões e princípios profissionais?
Avaliação Referenciada em Padrões	Como a população do programa se compara a algum padrão ou referência específicos de acordo com indicadores selecionados?
Controle de Qualidade	Os padrões básicos de atendimento são rotineira e sistematicamente fornecidos aos beneficiários? Como pode ser monitorada e demonstrada a qualidade do atendimento?
Análise de Custo/Benefício	Qual a relação entre os custos do programa e seus resultados (benefícios) expressos em dinheiro?
Análise de Custo/Efetividade	Qual a relação entre os custos do programa e seus resultados? (os resultados não são medidos em dinheiro).
Focos	Características Principais
Foco na Estrutura Lógica	Especificar objetivos, pressupostos, *inputs*, atividades, produtos finais e mudanças. Definir, para cada um, indicadores e meios de verificação.
Foco na Avaliação de Desempenho de Pessoal	Qual o desempenho dos profissionais na realização de suas tarefas e no cumprimento dos objetivos estabelecidos?

Foco na Avaliação das necessidades	Do que os clientes precisam e como estas necessidades podem ser satisfeitas?
Foco no Contexto	Qual o ambiente social, econômico, cultural e político no qual o programa opera? Como este contexto afeta a efetividade do programa?
Foco nas Decisões	Que informação é necessária para orientar decisões futuras específicas?
Foco nos *Inputs*	Que recursos (financeiro, humano, físico, etc.) são disponíveis e/ou necessários?
Foco em Temas Críticos	Quais os problemas graves sentidos pelos participantes diretos?
Foco Descritivo	O que acontece no programa (sem perguntar pelas causas ou efeitos)?
Foco na Igualdade	Os participantes são tratados da mesma forma?
Foco Longitudinal	O que acontece com o programa e participantes no decorrer do tempo?
Foco no Processo	O que os participantes vivenciam durante o programa? Quais os aspectos fortes e fracos das operações cotidianas? Como os processos podem ser melhorados?
Foco na Execução	Até que ponto o programa foi executado como projetado? Que temas surgiram durante a execução e necessitam de atenção no futuro?
Foco na Reputação	Qual a percepção das pessoas significativas em relação ao programa?
Foco na Construção de Indicadores Sociais e Comunitários	Que informações sociais e econômicas de rotina devem ser monitoradas para avaliar os impactos do programa? Qual a ligação entre os resultados do programa e os indicadores sociais de larga escala, por exemplo, a taxa de escolaridade?
Foco Dirigido para Teoria	Em que suposições teóricas e modelos o programa está baseado? Qual a teoria científica social que o programa está testando e até que ponto o programa confirma a teoria?
Foco no Conhecimento (ou ensinamentos)	O que pode ser aprendido através dos resultados e experiências do programa para informar iniciativas futuras?
Foco em Valores Sociais	Com que intensidade o programa lida com as preocupações sobre justiça social e ética?
Foco na Missão	Até que ponto o programa ou organização está realizando sua missão? Até que ponto os resultados dos departamentos ou programas dentro de uma agência correspondem à sua missão?

Foco no Empenho	Quais os *inputs* do programa em termos do número de recursos humanos, relação staff/cliente e outros parâmetros de níveis de atividade e proporção no programa?
Foco na Causa/Efeito	Qual a relação entre o programa (causa) e as mudanças resultantes (efeito)?
Foco na Eficiência	Podem os recursos ser reduzidos e se obter o mesmo nível de resultados ou um melhor resultado poder ser obtido com o aumento de recursos? Como o programa poderia ser mais eficiente?
Foco na Eficácia	Até que ponto os objetivos do programa foram atingidos? O programa atingiu as metas propostas? Aplicou os instrumentos previstos? Os instrumentos e meios utilizados são adequados às metas propostas? Como o programa pode ser mais eficaz?
Foco na Efetividade	Até que ponto o programa é capaz de realizar mudanças qualitativas, significativas e duradouras? Como o programa pode ser mais efetivo?
Foco na Extensão	Até que ponto o programa é capaz de lidar com o problema como um todo? Como o nível atual de serviços oferecidos e resultados alcançados se compara com o nível necessário?
Foco no Impacto	Quais os impactos diretos ou indiretos do programa, não somente sobre os participantes mas também na comunidade e sistemas maiores?
Foco nas Mudanças	Até que ponto as mudanças com relação aos clientes/participantes estão sendo alcançadas? Quais os efeitos do programa sobre os clientes ou participantes?
Fases da Avaliação	**Características Principais**
Ex-Ante ou Avaliação de Diagnóstico e da Proposta	Apreende o contexto na sua dinâmica, demandas e expectativas do público-alvo, viabilidade da proposta, coerência entre os objetivos, estratégias e resultados pretendidos, grau de prioridade e importância relativa do projeto para o público que pretende beneficiar.
Monitoramento e/ou Acompanhamento Avaliativo	Apreende os processos de implementação e execução do programa, com indicadores para aferir o desempenho e os produtos da ação. Objetiva também realizar modificações, quando necessárias, para consecução dos resultados pretendidos.
Post-Facto	Correlaciona os dados que formataram o programa: objetivo, metas, estratégias, público-alvo, metas propostas, atingidas e resultados além de impactos alcançados. Exige a comparação entre o "antes" e o "depois".

FONTE: Barreira (2000, pp. 52-56).

A avaliação faz parte desse caminho de reconhecimento e de reintegração do sentido de educação e sociedade. O Estado está refém de uma ordem internacional, mas podemos ser parceiros de nossa própria liberdade e autonomia, com os níveis de qualidade para ingresso nesse contexto.

Como afirma Both (1997),

> "avaliação, processo e qualidade são um trinômio de garantia para o sucesso de uma instituição; seus resultados, assim, deverão contribuir para o estabelecimento de uma política que permita a essa instituição compatibilizar as pressões externas com o espaço de autonomia e de crítica que lhe é próprio" (*apud* SOUSA, 2002, p. 26),

e do qual vários atores são interdependentes no seu desempenho e na sua caminhada.

Também para esta introdução ao tema da avaliação precisamos recuperar, nesta análise, a perspectiva de mudança e, conseqüentemente, de inovação, que a referência em busca da qualidade evoca. Para tanto, comparecemos com a análise que Wanderley (1995, p. 33) faz sobre os significantes do termo inovação. Ele nos alerta sobre os dois parâmetros pelos quais transitam os debates sobre a educação, com suas três dimensões da realidade – a econômica, a política e a ideológica – as quais assumem sentidos diferentes segundo o parâmetro com abordagem sociológica da modernização ou com abordagem sociológica da dialética.

Tal referência é absolutamente relevante ao considerarmos que "essas dimensões condicionam e influenciam a dinâmica interna do próprio sistema escolar, em múltiplos aspectos: subcultura escolar, padrões de interação social, personalidade dos professores e alunos, papéis do professor, socialização dos alunos, repercussões da comunidade na organização escolar, etc." (WANDERLEY, 1995, p. 34).

Estamos diante da dualidade e da contradição dos fenômenos sociais, que estão sempre presentes quando não percebemos que eles são complementários e não excludentes. A mesma educação que aprisiona culturalmente, liberta racionalmente. Quer dizer, para a abordagem sociológica da modernização, como parte do princípio da "interdependência sistêmica de todas as partes da estrutura social e que a mudança numa das partes produz efeitos sobre as demais", considera-se que a mudança seja uma decorrência natural do processo evolutivo do sistema em busca do equilíbrio, justamente por ele estar em constante desequilíbrio evolutivo devido às diferenças, tanto externas quanto internas de alguma das partes. "Enfatiza-se a diferenciação como um fator decisivo da mudança e os efeitos dos processos de industrialização e de urbanização na constituição das modernas sociedades capitalistas" (WANDERLEY, 1995, p. 35).

Não estamos tratando de um darwinismo social, no qual o homem seria passivo ou paciente às suas determinações. Tal modernidade exige o comparecimento do homem consciente e livre de interferir nos rumos do processo (como, por exemplo, Gandhi ou Hitler, Bush Jr. ou Lula) como catalisadores e portadores de uma ideologia, interferindo internamente na dimensão política e econômica de seus subsistemas, dadas as condições externas, destas mesmas dimensões, para que isso ocorra. "A análise de mudança global fixa-se no processo de transição do tradicional para o moderno", podendo-se distinguir

> "três processos de *mudança estrutural* mais importantes na transição global: desenvolvimento econômico, modernização social e modernização política. A transição global é vista como um processo *acumulativo* e marcada por assincronias dadas pelas variações dos *ritmos* e *das seqüências* dos processos componentes" (grifos no original) (WANDERLEY, 1995, p. 36).

Para melhor visualização deste debate, recorremos ao texto *Parâmetros sociológicos da inovação*, de Luiz Eduardo W. Wanderley (1995).

A síntese da análise sobre as abordagens sociológicas que orientam as diferentes percepções e procedimentos no sistema de educação brasileiro em relação à mudança social, foi elaborada com base no discurso do citado autor. Os aspectos considerados destacam-se pela assunção que se fizeram presentes para a compreensão de concepções teóricas que foram sendo incorporadas, superadas e consolidadas na trajetória acadêmica e profissional que percorremos até aqui. Este quadro, como bem alerta o autor, não é exaustivo sobre a amplitude dos temas abordados, mas, fornece indícios sobre a compreensão que consolidamos com as reflexões efetivadas.

Avaliação Institucional

A avaliação institucional tem sido analisada e criticada nas Instituições de Ensino Superior de todo o país, além de ser bastante discutida no âmbito do Ministério de Educação. É uma questão complexa e polêmica. Porém, independente das dificuldades que possam estar presentes em torno deste tema, a sua implantação nas instituições universitárias é um procedimento indispensável e se tornou uma obrigatoriedade para com o desenvolvimento social do país, em função das políticas educacionais propostas. Assim considerada, "a avaliação institucional consiste num empreendimento sistemático que busca a compreensão global da Universidade, pelo reconhecimento e pela integração de suas diversas dimensões" (DIAS SOBRINHO; BALZAN, 1995, p. 9).

Então a avaliação é uma via de acesso ao ensino de qualidade com duas mãos. Ela influencia o ambiente e sofre, também, a sua influência.

> "Qualquer melhoria nas dimensões de Qualidade significará um aperfeiçoamento relativo dos processos acadêmicos. A busca da Qualidade ocorrerá à medida que suas dimensões sejam estimuladas. Os processos acadêmicos e as dimensões de Qualidade são interdependentes, interatuantes e inter-relacionadas" (TUBINO, 1997, p. 55).

José Dias Sobrinho em suas obras reconhece que a avaliação institucional é uma estratégia de ações práticas em uma área de conhecimento em que há intensas disputas. Desde a fundamentação de seus paradigmas que remetem a posições políticas conflituosas entre si, até uma busca de hegemonia e operacionalizações de efeitos práticos.

Não se trata, então, de uma simples confrontação teórica ou meramente acadêmica, como se a questão fosse apenas técnica e circunscrita ao âmbito de cada instituição e como se fosse ainda tãosomente uma disputa de grupos pela hegemonia de uma semântica. Na realidade, é uma importante questão política, que tem interesse público, porque produz fortes e substantivas implicações no sistema educativo e, portanto, na sociedade. A questão da avaliação institucional está, portanto, no centro da discussão do que deve ser a universidade relativamente a seu papel na construção da sociedade e na produção do futuro (DIAS SOBRINHO, 1999, p. 61).

Os diferentes objetivos do sistema educacional apontam para direções que deveriam se articular e interagir para buscar o desenvolvimento social dos povos. Um destes objetivos situa a Universidade como resposta competente e de qualidade a desafios e necessidades de governo e de setores produtivos da sociedade. O outro objetivo estabelece que o compromisso da Universidade é com a sua história e sua autonomia, como também com sua função social de desenvolvimento participativo e formação de ampla cidadania.

> "Uma das constatações da atual disfuncionalidade da Universidade brasileira em relação à própria sociedade é a ocupação por empresas de espaços que deveriam ser da Universidade. A quantidade de seminários, cursos, congressos, atividades de extensão e até pesquisas que ocorrem fora das Universidades é a melhor comprovação dessa afirmação. É paradoxal que os grupos de cérebros que propulsionam esse modo extremamente ativo de eventos sejam, na maioria das vezes, constituídos de ex-professores universitários" (TUBINO, 1997, p. 48).

A avaliação institucional ocorre para atender às questões levantadas e, muitas vezes, exigidas pela sociedade em relação ao ensino brasileiro. É nesse sentido que aqui se apresentam alguns aspectos de estudos bibliográficos sobre o tema, como elementos de fundamentação teórica.

Apple (1989, p. 184) considera que uma instituição educacional, pela sua forma de constituição espacial e intelectual é um "local para a produção de conhecimento técnico administrativo, através de seus agentes, programas de pesquisa e compromissos". Segundo o autor, isso não se deve a uma imposição sobre o aparato educacional, mas decorre das próprias funções complexas e às vezes contraditórias que essas instituições têm de exercer.

Um problema grave do ensino superior brasileiro nos dias de hoje é que, apesar das muitas providências e atividades exercidas por órgãos públicos e privados, ainda lhe faltam parâmetros mais adequados e pertinentes para qualificá-lo. Assim, algumas questões são colocadas pelos estudiosos: Quais os critérios para dimensionar se uma formação acadêmica está sendo boa? Esta formação tem melhorado ou piorado? Melhorou nas instituições públicas ou nas privadas? Quais os locais que oferecem melhores condições para a formação acadêmica: a região Norte, a região Sul?

Quase todos os que se interessam pelo ensino superior têm opiniões sobre esses assuntos. No entanto, as opiniões variam, e não há como distinguir o que é verdadeiro do que é simples resultado de preconceitos ou de generalizações apressadas. Deve-se levar em conta, porém, os grandes avanços que a avaliação institucional vem alcançando em nossos dias, quer pela influência das periódicas avaliações exercidas pelo Ministério da Educação por intermédio do Instituto Nacional de Estudos e Pesquisas Educacionais (MEC/Inep), quer pela ação do Conselho de Reitores das Universidades Brasileiras (CRUB, 1996).

Nas décadas de 70 e 80, a ausência de parâmetros para a avaliação do ensino superior o afetou, sob muitos pontos de vista. Até então, e por esse motivo, não havia sido possível ao governo constituir uma política racional de alocação de recursos públicos, que fortalecesse as melhores instituições e induzisse as demais ao aperfeiçoamento. Para professores e administradores educacionais, a falta de indicadores claros impediu que se soubesse exatamente como melhorar suas instituições e quais eram as soluções mais eficazes. Para o candidato à universidade e sua família, a escolha de uma escola superior e de uma profissão vinha sendo uma grande incógnita. Os alunos acabavam decidindo suas carreiras e selecionando seus cursos com base em fragmentos de informação. Isso, às vezes, levava a resultados que não satisfaziam e que podiam causar frustração, o que gerava um certo ceticismo sobre o próprio sistema universitário do país.

Tais considerações remetem a uma idéia de que o ensino superior brasileiro precisa redesenhar sua organização e estrutura, lançando mão de processos orientados pela qualidade, que deve ser uma característica das instituições de ensino. Assim, compreender o que vem a ser qualidade para o ensino superior exige rever alguns conceitos, bem como compreender a sua estreita relação com a avaliação.

Pode-se afirmar que a qualidade educacional volta-se para os aspectos mais profundos e diferenciados da realidade institucional, nos sentidos filosóficos, sociais e políticos. Isso possibilita que a avaliação institucional revitalize o exercício da democracia. Como esclarecem Dias Sobrinho e Balzan (1995, p. 34): "Por ela, todos se sentem agentes de um movimento de atualização e tonificação das prioridades sociais da Universidade, de seus processos científicos".

Qualidade e Avaliação

O termo qualidade inclui uma gama diversificada de idéias ao mesmo tempo em que apresenta um sentido pouco nítido. Assim, além de permitir muitas interpretações e ser usado em vários contextos, o termo é freqüentemente utilizado sem a especificação do seu significado. Em razão dessa variação de significados, é importante explicitar a conotação prestada à qualidade do ensino.

O ponto de partida para esta explicação é o significado do vocábulo. A partir dele, outros elementos se fazem pertinentes: os indicadores e critérios referentes à mensuração desta qualidade, os responsáveis por esta medida e as implicações político-sociais advindas da opção por um determinado conceito de qualidade.

De acordo com a definição apresentada pelo Novo Dicionário Aurélio (FERREIRA, 1999), qualidade é: "propriedade, atributo ou condição das coisas ou das pessoas capaz de distingui-las das outras e lhes determinar a natureza".

Esta definição nos remete a outras encontradas hoje no pensamento e na compreensão das pessoas e das organizações, como:

- Qualidade é atingir plena satisfação do cliente com eficácia.
- Qualidade é o grau de conformidade com as especificações.
- Qualidade é o equilíbrio entre desempenho e preço de produtos e serviços.
- Qualidade é fazer bem tudo o que nos dispomos a fazer.

Ao analisar essa definição e esses diversos conceitos, verifica-se que os atributos da qualidade dizem respeito principalmente à adequação entre o que se realiza e o que inicialmente havia sido proposto como objetivo ou como meta. Portanto, para a maioria dos autores a qualidade não pode ser definida como algo que se define por si mesmo, mas sempre em relação a algum parâmetro ou coisa.

Também se pode entender que a qualidade é uma questão que diz mais respeito à atitudes do que a conceitos. Ou seja, exige-se, pratica-se e enxerga-se qualidade, quando o comportamento está voltado para essa forma de agir. Parece, portanto, pertinente afirmar que qualidade é uma conquista humana. Demo (1995), chega a afirmar que somente o homem produz qualidade.

A idéia de qualidade como meta social sugere, necessariamente, que ela não seja um atributo estático de um produto pronto e acabado. Especialmente na educação, a qualidade deve ser compreendida, nos processos e nas relações, como construção que tem por eixo a avaliação.

Segundo Dias Sobrinho e Balzan (1995, p. 12), critérios tecnocráticos vinculam a qualidade à produtividade, à eficiência e a uma espécie de "quantofrenia", ou seja, uma compulsão por quantificação. Há, porém, a necessidade de se compreender a qualidade mediante processos intersubjetivos que acolham também critérios sociais, políticos, éticos, filosóficos, enfim, concernentes às dimensões humanas em toda a sua complexidade. Para esse autor, avaliação e qualidade não se separam.

No plano da discussão sobre a avaliação de instituições de ensino, a questão continua sendo focalizada por diferentes ângulos nas diversas áreas. Isso se deve ao fato de ser ela polêmica e quase sempre rejeitada, por envolver a apreciação e qualificação das atividades profissionais. Deve-se acrescentar, ainda, o fato de que a avaliação institucional interfere em aspectos relacionados com dinâmicas individuais, pessoais e privadas às quais se resiste em coletivizá-las ou torná-las públicas.

Para Schwartzman (1987), no que se refere à Pós-graduação, existem pelo menos três conceitos de qualidade de ensino, que se mesclam e que, segundo entendimento, podem ser aplicados à realidade da graduação. São eles:

1º - Qualidade científica no sentido restrito

Relaciona-se com contribuições de determinado centro ou programa para a produção de conhecimento no limiar do já conhecido, com vistas a sua superação, independente de suas aplicações ou utilidades. Neste sentido, encontra-se apresentado em revistas científicas, teses, citações, etc. Muitos cursos de graduação dão ênfase a este conceito, pois consideram que a formação científica básica seja a única que permite o desenvolvimento pragmático das tecnologias; que ensino e pesquisa são indissolúveis e que o pesquisador deve ser livre para pesquisar e desenvolver mais sua capacidade crítica.

2º - Qualidade como relevância social

Este conceito predomina nas áreas tecnológicas e na governamental. O seu lado extremo despreza a pesquisa pura e desinteressada e a acusa de atividade alienada, que se presta somente a promover as carreiras dos pesquisadores e aumentar seu prestígio e que, portanto, não trazem maiores contribuições. Seus defensores posicionam-se no sentido de que os centros de pesquisa e pós-graduação só deveriam desenvolver temas de interesse social, econômico e imediato, agindo sempre em contato com o governo e com a indústria.

3º - Qualidade como impacto no sistema de ensino

Segundo este conceito, a preocupação maior deveria ser com o nível de ensino da graduação e, conseqüentemente, dos demais níveis do sistema educacional. A formação de bons docentes, no sentido da boa atuação como professores em sala de aula, deveria ser o principal objetivo da Universidade. A preocupação com pesquisa de alto nível seria um elitismo frente à situação educacional do país.

Schwartzman (1987), ao estabelecer uma ligação entre os três conceitos, conclui que todos eles são importantes e que deveriam ser considerados simultaneamente. Enfatiza a questão da avaliação da qualidade, situando-a como pré-requisito para a definição de padrões de excelência.

Avaliação no Ensino Superior

A avaliação é um processo fundamental para o desenvolvimento contínuo da Universidade. Como organização social, a instituição de ensino superior precisa saber, de forma permanente e integrada, quais são os valores dominantes nas suas atividades, seja nas pedagógicas ou nas administrativas. Precisa também compreender esses valores de modo crítico e integrado, para a construção de sua qualidade e expansão da sua influência social com maior clareza, conhecimento e segurança.

No Brasil, nas duas últimas décadas, percebe-se uma crescente consciência sobre a necessidade de se criar sistemas de avaliação do ensino superior. Esta necessidade é manifestada pelas ações desenvolvidas pela administração federal, que objetiva conhecer com maior precisão a qualidade do desempenho e a eficiência das diferentes instituições de ensino superior existentes no país.

Por ser um processo complexo e delicado, tem sido difícil desenvolver programas de avaliação institucional que atendam ao perfil das diferentes instituições de ensino do país. Muitos dos programas instituídos assumem o caráter de excludentes, ao julgar o mérito ou valor como aspecto relevante e não considerar que o objetivo da avaliação é encontrar formas para a contínua melhoria da instituição avaliada.

Vários autores vêm se preocupando em estudar o fenômeno avaliativo sob diversos ângulos. De um modo geral, enfatizam a necessidade de encará-lo com seriedade e fundamentação científica. Assim, a literatura especializada vem apresentando diversos conceitos, tipos e funções de avaliação. Os seus modelos voltam-se para pontos importantes, orientadores da tomada de decisões, já que visam detectar as necessidades que serão processadas no planejamento de uma instituição ou de sistemas de ensino.

Os tipos de decisões para as quais o processo avaliativo pode contribuir incluem:

- determinação de modificações em projetos universitários que estão sendo postos em prática e, inclusive, se for o caso, eventualmente, interrompê-los;
- melhoria de métodos e técnicas utilizados na prática e nos procedimentos empregados na consecução dos objetivos;
- modificação ou inovação estrutural do funcionamento da instituição enquanto organização, se ficar constatado que isso cria obstáculos à prestação do serviço educacional, científico e social.

Contexto da Avaliação Institucional

A força transformante da história mostra que as universidades conseguiram um certo grau de aperfeiçoamento, o que lhes possibilitou conservar suas características básicas, isto é, ensinar e promover o desenvolvimento da ciência.

Considerando a importância da Universidade junto à sociedade, a avaliação institucional, no Brasil, passou a ser entendida e realizada como amplo processo de avaliação de Universidades. Já na década de 1980, começou uma ampla movimentação de docentes das agências governamentais do ensino superior e de toda a comunidade científica, para discutir a necessidade e as formas da avaliação institucional.

Ristoff (*In*: DIAS SOBRINHO; BALZAN, 1995, p. 37), analisa o histórico da Avaliação Institucional, situando a preocupação com este processo no Movimento dos Docentes das Universidades Brasileiras desde 1982, ocasião em que a Associação Nacional dos Docentes do Ensino Superior (ANDES) lançou a questão. Na época, o Ministério da Educação e do Desporto (MEC) promoveu encontros e viagens internacionais com visitas à instituições americanas e européias, com o objetivo de sedimentar o entendimento sobre a avaliação da universidade. Infelizmente, alguns acabaram por associar a avaliação a uma forma de execração pública.

Nos anos de 1993 e 1994, a Associação Nacional de Dirigentes das Instituições Federais de Ensino Superior (ANDIFES), da Associação Brasileira dos Reitores das Universidades Estaduais e Municipais (ABRUEM) e os Fóruns de Pró-Reitores de Graduação e Planejamento, compartilharam da iniciativa do Ministério da Educação e Desporto (MEC). Isto possibilitou torná-lo articulador e financiador do processo com a criação do Programa de Avaliação Institucional das Universidades Brasileiras (PAIUB), diretamente vinculado à Secretaria de Ensino Superior (SESu).

Assim, a SESu organizou uma equipe de notáveis da comunidade universitária nacional sobre o assunto e criou a Comissão Nacional de Avaliação em julho de 1993, que elaborou o Documento Básico em novembro do mesmo ano para orientar os trabalhos que se coadunassem com propostas do MEC (1993).

Ristoff (*In*: DIAS SOBRINHO; BALZAN, 1995) identificou sete princípios que nortearam a proposta associada de ANDIFES, da Comissão Nacional e do Comitê Assessor para a articulação do PAIUB com a realidade nacional. São eles:

• Globalidade: a avaliação deve ser a mais completa possível, envolvendo todos os atores e serviços da dinâmica de uma academia, mesmo que se comece apenas por uma parte, "desde que se comece" (*idem*, p. 49), além da ótica de que a análise não pode ser submetida a indicadores parciais.

- Comparabilidade: a criação de uma linguagem comum entre as instituições viabiliza parâmetros numa perspectiva de análise e comparação de um sistema universitário nacional.

- Respeito à identidade institucional: as instituições são contextualizadas a partir de suas características regionais, assumindo identidades específica e diferenciada das demais instituições nacionais.

- Princípio de não-punição ou premiação: considerando-se que os índices de aceitação favoráveis não irão promover premiações na forma de cargos ou salários aos funcionários e professores analisados, e sim estabelecer um parâmetro de bom desempenho no processo pedagógico, tampouco os índices de aceitação desfavoráveis poderão promover castigos com tal avaliação.

- Adesão voluntária: neste item busca-se, antes de tudo, a compreensão da necessidade de se instalar na Universidade valores acadêmicos, atividades e formas coletivas de conduta. Esta cultura da avaliação deve servir para Comissão de Avaliação, de forma que o ato avaliativo se torne "parte integrante do exercício diuturno de nossas funções".

- Legitimidade: tem por finalidade, em sua forma técnica, dar significado às informações e transmiti-las à comunidade universitária, de forma que esta tenha tempo para absorvê-las (não deixando que sua fidedignidade seja prejudicada).

- Continuidade: "A continuidade permitirá a comparabilidade dos dados de um determinado momento a outro, revelando o grau de eficácia das medidas adotadas a partir dos resultados obtidos" (*idem*, p. 50). A continuidade é fundamental para que se ocorra a construção da cultura da avaliação no processo avaliativo.

Segundo Aguillar e Ander-Egg (1994, p. 23), para qualquer concepção de avaliação é necessário levar em conta a "presença de algumas atividades cujos objetivos tenham algum tipo de valor".

Kaufman (1988) e English (1979) consideram que a avaliação consistiria em analisar as discrepâncias entre uma situação desejada ou esperada e outra existente ou real.

Ruthman (1977, p. 25), em sua definição, atribui exigências de rigor científico à pesquisa avaliativa, quando observa que esse processo deve aplicar procedimentos científicos para acumular evidência válida e confiável sobre a maneira e grau em que um conjunto de atividades específicas produz resultados ou efeitos concretos.

Mais recentemente, vários estudiosos ampliaram o conceito de avaliação institucional. Para essa ampliação, foram detalhados os componentes da avaliação, relacionados os seus resultados com os processos decisórios e democratizados o seu próprio processo.

Briones (1985, p. 29) conceitua a avaliação interativa como um processo de pesquisa participativa que analisa a organização, o funcionamento e o desenvolvimento de um programa em relação aos seus objetivos, às expectativas de seus participantes e aos resultados obtidos.

Há também a considerar a definição oficial de avaliação no âmbito internacional, que leva em conta várias dimensões da discussão acumulada até o momento em que foi proposta. Assim, do sistema de organismos das Nações Unidas, a definição de avaliação mais generalizada é a formulada pela UNESCO em 1979 e que sofreu bem pouca modificação para sua versão final, que é de 1984:

> "a avaliação é um processo que se destina a determinar sistemática e objetivamente a pertinência, eficiência, eficácia e impacto de todas as atividades à luz de seus objetivos. Trata-se de um processo organizacional para melhorar as atividades que estão em andamento e auxiliar a administração no planejamento, programação e decisões futuras" (UNESCO, 2002, p. 30).

No âmbito das diversas concepções, a avaliação geralmente é considerada como uma pesquisa social aplicada. Portanto, apresenta-se de maneira sistemática, com planejamento prévio e se destina a identificar, com critérios de validade e confiabilidade, dados e informações suficientes e relevantes para apoiar um juízo sobre o mérito e o valor dos diferentes aspectos de um programa ou da prestação de um serviço.

Assim concebida, a avaliação se realiza de forma tal que serve de base ou guia para a tomada de decisões racionais e inteligentes, para solucionar problemas e para promover o conhecimento e a compreensão de fatos e dados que estejam associados ao sucesso ou ao fracasso do desempenho da instituição avaliada.

Procedimentos de Avaliação do Ensino Superior

Toda avaliação, para apresentar-se com legitimidade, deve possuir determinados requisitos, ou seja, deve seguir princípios e critérios capazes de lhe outorgarem essa legitimidade. A avaliação, portanto, precisa revelar, de uma maneira demonstrável e de forma controlada, que os valores e os juízos que a orientam são válidos, para que a própria avaliação, como forma de pesquisa, possa considerar-se válida. Trata-se do princípio da validade, que deve ser inerente a toda modalidade de pesquisa. Só assim, pode-se estimar o que ações ou um programa de avaliação realmente quer avaliar e se esse processo se efetivará com o rigor técnico necessário.

A avaliação, em primeiro lugar, deve ser prática, no sentido de que deve ser conseguido o que se pretende com procedimentos mais simples. Também não se pode esquecer que a "praticidade de uma avaliação vem da adequação do plano utilizado com o destino que se quer dar às conclusões e recomendações" (AGUILAR; ANDER-EGG, 1994, p. 68).

Outro critério que deve ser rigorosamente observado, devido ao risco de se perder todo o processo ou, na melhor das hipóteses, de que o processo fique atrasado e comprometido, é detectar o momento oportuno em que os atores da avaliação (gestores, docentes e discentes) estejam preparados para as correções ou modificações nas dinâmicas das atividades em curso, em decorrência do resultado da avaliação.

Esta é uma questão que faz com que se considere a oportunidade da avaliação. Ou seja, se ela é subsídio para intervenção no sistema, isto quer dizer que a avaliação só deve ocorrer quando houver "plena aceitação dos responsáveis políticos, técnicos e administrativos que têm faculdades para tomar as decisões e introduzir correções". (AGUILAR; ANDER-EGG, 1994, p. 69). Portanto, é sempre necessário levar-se em conta certas condições sobre o momento e sobre o ambiente, para que a tarefa de avaliação e suas conseqüências sejam viáveis e possam dar os resultados que dela se esperam.

Isto, de outra forma, quer dizer que os responsáveis políticos e administrativos da Instituição de Ensino Superior precisam estar convencidos de que a avaliação é necessária e que suas aplicações e suas possíveis conseqüências devem fazer parte de seu programa de melhoria. Daí prever-se uma fase de conscientização da necessidade da avaliação, uma fase de implantação das ações avaliativas e uma fase de análise dos resultados, para a tomada de decisões.

A metodologia de avaliação começa pela definição de parâmetros que servirão para análise e julgamento. A complexidade domina este início, pois as instituições de ensino superior são plurifuncionais. Seus objetivos são diversificados e atendem às necessidades como estas se apresentam.

As Instituições de Ensino Superior devem administrar tanto o ensino generalista como o ensino especializado, no sentido de melhor atender aos anseios da sociedade. Elas precisam também definir o seu compromisso social, levando em conta os avanços do conhecimento e as necessidades do meio em que atuam. De igual modo, a transmissão de valores culturais é considerado papel obrigatório das Universidades. Um outro desafio atribuído à Universidade é o de criar um ambiente de convivência entre gerações. A sociedade em geral cobra ainda das instituições universitárias que elas funcionem como centros de trabalhos de extensão comunitária. Por fim, espera-se que as Universidades compensem as deficiências do ensino médio. Com certeza, é um grande desafio este que se apresenta às Instituições de Ensino Superior: desempenhar todas essas funções ao mesmo tempo.

Imaginando que cada instituição universitária deve desenvolver múltiplas funções, como vimos, e sabendo que as Universidades são diferentes em suas dimensões, pois são, entre si, heterogêneas e singulares, deve-se atentar para a necessidade de que a metodologia de avaliação possa ultrapassar a rigidez de um mesmo padrão. As instituições devem desempenhar essas múltiplas funções com o máximo de qualidade e o mínimo de tempo e de custos. Devem também ater-se, com rigor e pertinência, às particularidades das circunstâncias e do meio em que atuam.

Assim, alguns âmbitos e algumas dimensões da Universidade têm sido o foco da avaliação nas instituições brasileiras.

O ponto inicial tem sido a avaliação dos cursos ofertados pelas escolas de ensino superior. Essa avaliação tem sido realizada por uma comissão de especialistas, que avaliam os diversos cursos de determinadas áreas específicas do conhecimento, por meio de informações diversificadas para se chegar a uma opinião. Esta avaliação, que foi estabelecida para diversos fins do processo educacional, como autorização, reconhecimento e condições de oferta dos cursos de graduação, assumiu por conta da mídia um aspecto muitas vezes reputacional. Algumas instituições, no sentido de fazerem um marketing agressivo de seus cursos, passaram a apresentar o lado da avaliação que lhes era favorável como prova da sua excelência de ensino.

A Secretaria de Educação Superior (SESu) do Ministério da Educação desenvolveu esta modalidade de avaliação e a intensificou em escala nacional, principalmente nos anos noventa, quando foram estruturadas e designadas as Comissões de Especialistas. Abrangia todos os cursos de graduação das Instituições de Ensino Superior, tanto as públicas (municipais, estaduais e federais) como as particulares. Eram avaliadas principalmente três dimensões: o projeto pedagógico, o corpo docente e a infra-estrutura, que abrangia a biblioteca.

Paralelamente, às avaliações levadas a efeito pela SESu, o Ministério da Educação, por intermédio do Inep (Instituto Nacional de Estudos e Pesquisas Educacionais), criou, organizou e iniciou uma outra avaliação das universidades, que foi o Exame Nacional de Cursos, mais conhecido por Provão. Mais tarde, a partir do ano 2000, o Inep assumiu, por delegação da SESu, as funções de reconhecimento e da análise das condições de ensino dos cursos de graduação.

A crítica que costuma se fazer a essas avaliações gira em torno dos seguintes aspectos:

1º - São avaliados os recursos físicos, financeiros e pedagógicos das instituições, com aferições quantitativas bastante complexas. Como os dados geralmente se referem às instituições de ensino de forma global, os resultados acabam por ser inferidos a outros cursos, e não somente ao curso avaliado, que, de um modo geral, são de qualidade muito distinta.

2º - Alguns indicadores de eficiência, como alunos por professor, taxas de desistência e repetência, custos financeiros por aluno e professor, etc., geram problemas de generalizações que nem sempre retratam com a devida fidedignidade a real situação dos cursos avaliados.

3º - A avaliação dos alunos tem sido a avaliação dos cursos pela demanda de alunos e pela qualidade ou formação anterior destes alunos. De um modo geral, essa forma de avaliação sugere que os cursos com mais candidatos e candidatos mais qualificados, são superiores aos cursos com menor demanda ou com demanda de alunos menos qualificados.

4º - Para avaliar as oportunidades de trabalho, são pesquisados os esforços para levantar a influência da formação superior em suas oportunidades de carreira, combinados com dados curriculares e de origem sócio-econômica. Determina o peso relativo do desempenho educacional na escolha das carreiras.

5º - Com relação à avaliação dos professores, avalia-se a produção de pesquisa docente e a formação de pós-graduação. Argumenta-se que a qualidade dos professores dos programas de pós-graduação pode não ser determinante de seu desempenho no ensino de graduação, dada a separação que freqüentemente existe no Brasil entre estes dois níveis.

6º - Quanto à avaliação reputacional dos professores, verifica-se a sua reputação entre seus colegas e seus alunos. Apesar de muito comuns, esta modalidade de avaliação está sujeita a fatores que não expressam, necessariamente, resultados pedagógicos em longo prazo, além de não permitirem comparações interinstitucionais.

7º - Também têm sido alvo de avaliação os serviços técnicos e administrativos, desenvolvidos nas instituições de ensino superior. Verifica o desempenho funcional das relações de subordinação das atividades administrativas às atividades acadêmicas, o que tem implicações diretas para o funcionamento organizacional das instituições.

Avaliação Institucional: quem deve avaliar

O processo de avaliação tem um importante componente político, pois o que legitima todo o processo não é só um trabalho tecnicamente bem feito, mas a opinião de parte representativa do próprio sistema de ensino superior e da opinião pública. Algumas respostas alternativas à questão de "quem avalia" são:

• Auto-avaliação: são as próprias instituições de ensino superior que se avaliam com níveis de participação e da aprendizagem gerados no processo e com a grande legitimidade dos resultados entre os participantes.

• Avaliação governamental é função da própria autoridade, formal e informal, da administração que mantém a instituição: o município, o estado ou a união.

• Avaliação pela comunidade: é feita por pessoas ligadas à profissão ou a algumas das disciplinas acadêmicas dos cursos.

• Avaliações independentes: são avaliações feitas por instituições que não dependem nem do governo, nem da comunidade profissional e nem das próprias Universidades.

Em relação à procedência dos avaliadores, pode-se classificar a avaliação em externa e interna. A avaliação externa configura-se quando os avaliadores não possuem qualquer vínculo com a instituição avaliada. Avaliação interna é aquela que se desenvolve com a participação (como avaliadores) de pessoas que pertencem à própria instituição promotora ou gestora do programa ou projeto de avaliação (AGUILLAR; ANDER-EGG, 1994).

Na avaliação interna, uma forma de complementar uma atividade ou um processo de avaliação é incluir as próprias pessoas envolvidas na dinâmica da organização como responsáveis pelo julgamento dos objetivos que eles mesmos propuseram para as suas atividades administrativas ou acadêmicas. As vantagens deste tipo de avaliação e, por conseguinte, da avaliação interna derivam do maior conhecimento e familiaridade que se tem do que será avaliado. Entretanto, existem algumas desvantagens provenientes dos riscos de subjetividade como conseqüência do envolvimento dos avaliadores com o que se avalia, pois, esses são, simultaneamente, juiz e parte interessada.

Tratando-se da questão metodológica da avaliação institucional, é importante que se persiga a coerência estrutural do processo, entendida, esta, em suas dimensões interna e externa. Por coerência interna entende-se o próprio estudo e o diagnóstico, compreendido enquanto processo do que havia sido proposto como serviço educacional. O perfil educacional e funcional da instituição se caracteriza como o contexto que deve ser conhecido para se estabelecer a coerência interna.

Em relação às áreas de coerência externa, estas vêm sendo assumidas gradativamente pelo MEC/Inep. No ensino superior, o processo se intensificou com o programa chamado ENC – Exame Nacional de Cursos, conhecido como Provão, já referido. Atualmente, esse programa evoluiu para o programa de avaliação das condições de ensino. Para o ensino médio, o programa correspondente é o ENEM – Exame Nacional do Ensino Médio.

Essas avaliações, em particular aquelas do ensino superior, centram-se nos resultados efetivos para estimar, valorar e julgar as conquistas ou ganhos nos produtos, efeitos ou impactos finais do processo. Baseiam-se também na opinião dos beneficiários, destinatários ou usuários destes produtos, que, em última análise, é a própria Instituição de Ensino Superior avaliada. Para essas avaliações, há uma ênfase muito grande sobre o desempenho acadêmico do formando do curso de graduação, ou seja, do futuro profissional a ser formado pela instituição.

Quanto aos objetivos da avaliação, além do conhecimento do andamento de programas ou projetos institucionais, da prestação de serviços ou mesmo de como se está modificando uma situação-problema deve ficar claro o grau em que esses objetivos foram atingidos. Deve-se também procurar saber o que gerou conseqüências imprevistas que, uma vez conhecidas pela avaliação, também se tornam alvo de análise e de intervenção por parte dos gestores da organização.

A trajetória da avaliação institucional da Educação Superior Brasileira, a partir de 2003, assume uma nova dimensão no que diz respeito à sua concepção, integração e participação, que são conceitos fundamentais para a construção de um sistema de avaliação capaz de aprofundar os compromissos e responsabilidades sociais das instituições, bem como princípios. Instala-se nesse momento, um novo processo para orientar e regular a educação superior no Brasil.

O Ministério de Educação dá início à construção do novo modelo orientado pelas idéias de promover os valores democráticos, o respeito à diversidade, a busca da autonomia e a afirmação da identidade. Também se estabelece uma concepção de avaliação como processo que efetivamente vincule a dimensão formativa a um projeto de sociedade comprometido com a igualdade e a justiça social.

Para tanto, buscar a articulação de um sistema de avaliação com autonomia, que é própria dos processos educativo-emancipatórios, e as funções de regulação, inerentes à supervisão estatal, para o fortalecimento das funções e compromissos educativos passou a ser a concepção da avaliação da Educação Superior brasileira.

Neste contexto é criado o SISTEMA NACIONAL DE AVALIAÇÃO DA EDUCAÇÃO SUPERIOR-SINAES que busca assegurar, entre outras coisas, a integração das dimensões internas e externas, particular e global, somativa e formativa, assim como aspectos quantitativos e qualitativos, e os diversos objetos e objetivos da avaliação. O novo sistema de avaliação deve articular, de forma coerente, concepções, objetivos, metodologias, práticas, agentes da comunidade acadêmica e de instâncias do governo.

A exigência ética própria dos processos educacionais conclama a todos os agentes da comunidade de educação superior, das instâncias institucionais, governamentais e membros concernidos da sociedade, a se envolverem nas ações avaliativas, respeitados os papéis, as especificidades e as competências científicas, profissionais, formais, políticas e administrativas das distintas categorias.

De modo especial, esse sistema deve articular duas dimensões importantes: a) avaliação educativa propriamente dita, de natureza formativa, mais voltada à atribuição de juízos de valor e mérito em vista de aumentar a qualidade e as capacidades de emancipação; b) regulação, em suas funções de supervisão, fiscalização, decisões concretas de autorização, credenciamento, recredenciamento, descredenciamento, transformação institucional, etc., funções próprias do Estado (MEC/INEP, 2004, p. 9).

Em sua proposta , estabelece cinco princípios fundamentais:

• Responsabilidade social com a qualidade da educação superior.

• Reconhecimento da diversidade do sistema.

• Respeito à identidade, à missão e à história das instituições.

• Globalidade, isto é, compreensão de que deve ser avaliada a partir de um conjunto significativo de indicadores de qualidade, vistos em sua relação orgânica e não de forma isolada.

• Continuidade do processo avaliativo (MEC/INEP, 2004, p. 7).

Neste novo cenário três modalidades de instrumentos serão utilizados para avaliar as Instituições de Educação Superior:

1º - Auto-avaliação: coordenada pela Comissão Própria de Avaliação de cada IES.

2º - Avaliação- externa: realizada por comissões designadas pelo INEP, de acordo com diretrizes estabelecidas pela CONAES – Comissão Nacional de Avaliação da Educação Superior.

3º - Avaliação do Desempenho dos Estudantes (Exame Nacional de Avaliação de Desempenho dos Estudantes) ENADE: aplicado aos estudantes do final do primeiro e do último ano do curso (idem).

Com a promulgação da Lei nº 10.861, de 14 de dezembro de 2004, fica instituído um novo tempo para que a educação superior no Brasil, desenvolva um processo de melhoria de sua qualidade, especificamente nos cursos de graduação, com vista ao aumento de sua eficácia institucional e efetividade de toda a educação superior brasileira.

Em síntese, a avaliação da Educação Superior brasileira deve apresentar, como marcas essenciais, dentre outras, as seguintes características: justiça, rigor, efetividade, integração, globalidade, participação, eficácia formativa, efetividade social, flexibilidade, credibilidade, legitimidade, institucionalidade, continuidade, respeito à identidade institucional e sistematização.

Referências bibliográficas

AGUILAR, M. J.; ANDER-EGG, E. **Avaliação de serviços e programas sociais**. Petrópolis, Rio de Janeiro: Vozes, 1994.

APPLE, M. W. **Educação e poder**. Porto Alegre: Artes Médicas, 1989.

BARREIRA, M. A. C. R. N. **Avaliação Participativa de programas sociais**. São Paulo: Veras, 2000.

BOTH, I. J. Avaliação institucional: agente de modernização administrativa e da educação. **Revista Avaliação**, v. 2 (3). Campinas, set., pp. 33-42, 1997.

BRIONES, G. *Evaluación de programas sociales – teoria y metodología de la investigación evoluativa*. Santiago, Programa Interdisciplinario de Investigaciones en Educación, 1985.

CARVALHO, M. do C. B. **Capacitação solidária**: módulo avaliação, 1998. [Texto digitado].

CONSELHO DE REITORES DAS UNIVERSIDADES BRASILEIRAS. Melhoria e responsabilização: navegando entre Cila e Caríbdis. Manual de Avaliação Externa da Qualidade no Ensino Superior. **Estudos e Debates 18**, Brasília, 188 p., 1996.

DEMO, Pedro. **Educação e qualidade**. 2ª ed., Campinas, São Paulo: Papirus, 1995.

_____. **Pesquisa e construção de conhecimento**: metodologia científica no caminho de Habermas. Rio de Janeiro: Tempo Brasileiro, 1994.

DIAS SOBRINHO, J.; BALZAN, N. C. (orgs.). **Avaliação institucional**, teoria e experiências. São Paulo: Cortez, 1995.

DIAS SOBRINHO, J. Avaliação e privatização do ensino superior. In: TRINDADE, H. (org.). **Universidade em ruínas**: na república dos professores. 2ª ed., Petrópolis, RJ: Vozes / Rio Grande do Sul: CIPEDES, pp. 61-72, 1999.

_____. Avaliação quantitativa, avaliação qualitativa: interação e ênfase. In: SGUISSARDI, V. (org.). **Avaliação universitária em questão**: reformas do estado e da educação superior. Campinas, SP: Autores Associados, Coleção Educação Contemporânea, pp. 71-89, 1997.

DRAIBE, S. M. **Avaliação de implementação**: esboços de uma metodologia de trabalho em políticas públicas. Campinas – SP, Unicamp, Núcleo de estudos de políticas públicas – NEPP, maio, 2001, Apostila.

ENGLISH, F. W. **Needs assesment. Concept and application**. Englewood Cliffs Education Techonology Pub. 1979.

FERREIRA, A. B. de H. **Aurélio século XXI: o dicionário da língua portuguesa**. 3ª ed., Rio de Janeiro: Nova Fronteira, 1999.

HOUSE, E. R. **Evaluating with validity**. Beverly Hills: Sage, 1980.

KAUFMANN, R. **Identificación y resolución de problemas – un enfoque de sistemas**. México, Trillas, 1988.

MINISTÉRIO DA EDUCAÇÃO E DESPORTO. INEP/MEC, Disponível em: www.mec.gov.br acesso em: 25/11/2002.

MINISTÉRIO DA EDUCAÇÃO. **Documento básico** - avaliação das universidades brasileiras - uma proposta nacional. Comissão Nacional de Avaliação, Brasília, 26 de novembro de 1993.

MINISTÉRIO DA EDUCAÇÃO E DESPORTO. **Lei nº 10.861**, de 14 de abril de 2004. Sistema Nacional de Avaliação da Educação Superior (SINAES). Brasília, 2004.

RUTHMAN, L. Evaluation research methods a basic guide. London, 1977.

SAUL, A. M. Avaliação emancipatória – desafio à teoria e à prática de avaliação e reformulação de currículo. São Paulo: Cortez, 1998.

SCHWARTZMAN, S. Avaliação do ensino superior: da consciência e da necessidade à prática. **Dois Pontos** (37), 7-12 set., 1987.

SOUSA, A. M. C. Avaliação institucional para a melhoria do ensino e da aprendizagem. In: FELTRAN, R. C. de S. (org.). **Avaliação na educação superior**. Campinas, SP: Papirus, Coleção Magistério: Formação e Trabalho, pp. 19-44, 2002.

TUBINO, M. J. G. **Universidade, qualidade e avaliação**. Rio de Janeiro: Qualitymark/Dunya Ed., 1997.

UNESCO. **Educação na América Latina**: análise de perspectivas. Brasília: UNESCO, OREALC, 446 p., 2002.

VIANNA, H. M. **Avaliação educacional e o avaliador**: teoria, planejamento, modelos. São Paulo: IBRASA, 2000.

WANDERLEY, L. E. Parâmetros sociológicos da inovação. In: GARCIA, W. E. (coord.). **Inovação educacional no Brasil**: problemas e perspectivas. 3ª ed., Campinas, SP: Autores Associados, Coleção Educação Contemporânea, pp. 33-60, 1995.

Avaliação Institucional de um Hospital Universitário Proposta de Indicadores[7]

Ezia Maria Corradi

Introdução

A avaliação institucional de um hospital é complexa e difícil porque muitas vezes a avaliação está concentrada em aspectos secundários, não porque assim o quer, mas sim porque é mais fácil. Torna-se mais simples avaliar parâmetros administrativos do que a qualidade da totalidade dos serviços.

Segundo Novaes (1992), a avaliação da qualidade da assistência médica-hospitalar sofre de maiores fundamentos. Quando é realizada consiste em apreciar, mais a arte de curar com base em critérios subjetivos das condutas médicas, do que em fórmulas quantitativas. Desta maneira aumenta, em grande parte, a dificuldade de condução de um processo pragmático de avaliação.

Bittar (1994), numa pesquisa em oito hospitais gerais, de grande porte sendo seis privados e dois públicos que prestam assistência

---

[7] Extraído da Dissertação de Mestrado em Educação. PUCPR, 1998.

nos níveis secundários e terciários, aplicou um modelo de avaliação, destinado a avaliar a produtividade nestes hospitais. O autor relata que a avaliação da produtividade, passa pelo conhecimento da organização dos hospitais, das áreas e subáreas de diagnóstico e de terapia ficando à disposição dos pacientes, e médicos e internamente, das áreas que servem de apoio para as atividades administrativas e técnicas.

Para Bittar (1994), avaliar a produtividade nos hospitais é uma tarefa complexa, devido às inúmeras variáveis que interferem na produção. Nas últimas décadas, o desenvolvimento tecnológico, a criação de novas especialidades médicas e outras inovações que melhoraram a prestação dos cuidados assistenciais, tanto a nível ambulatorial quanto de internação, estão interferindo na produtividade dos diversos serviços do hospital.

Bittar (1996, p. 122), ressalta que, "as avaliações da organização hospitalar são imprescindíveis para reconhecer a efetividade e a eficácia de cada área e, logo, otimizar a utilização dos recursos dos hospitais".

Não resta dúvida de que, até o momento, não existe um único e melhor método para avaliar a assistência à saúde em termos absolutos. Para a avaliação da capacidade técnica, utiliza-se o prontuário; para interação médico-paciente ou hospital-paciente, usa-se a observação ou questionários. A avaliação da estrutura é sempre mais fácil, rápida e objetiva, seja dos suprimentos, do pessoal, das qualificações, ou mesmo dos aspectos gerenciais.

Frente a este cenário, a Organização Pan-americana de Saúde e Organização Mundial da Saúde (1995), juntamente com a Federação Latino-americana de Hospitais, desenvolveram um modelo de acreditação hospitalar apropriado às características da América Latina e do Caribe. Esse modelo, de forma flexível, visava portanto, adaptar-se às pronunciadas diferenças entre uma sub-região e outra, para ser amplamente discutido nesses países. É o que vem ocorrendo de forma muito lenta, desde 1992.

Acreditação é definida como "procedimento de avaliação dos recursos institucionais, voluntário, periódico e reservado, que tende a garantir a qualidade da assistência através de padrões previamente aceitos. Os padrões podem ser mínimos ou mais elaborados e exigentes, definindo diferentes níveis de satisfação" (NOVAES, 1992, p.10).

Os critérios de acreditação, estabelecidos para os hospitais, são padrões de desempenho, provenientes do nível de atenção, da prática ou método esperados definido por peritos e/ou associações profissionais. Em cada situação, o padrão inicial é o limite de qualidade a ser exigido. A medida que esses padrões iniciais são alcançados, evolui-se para o padrão seguinte, ou seja, quando o padrão mínimo (nível 1) é atingido, o passo seguinte é alcançar os níveis 2 e 3 e assim sucessivamente.

A Associação Paulista de Medicina (1994), colaborando com o projeto da Organização Pan-americana de Saúde, elaborou para o Estado de São Paulo o Programa de Controle da Qualidade do atendimento médico-hospitalar. O Manual contém indicadores de avaliação de desempenho da organização hospitalar, incluindo: estrutura, processo e resultado, baseado na teoria sistêmica, proposto por Avedis Donabedian.

Para se cadastrar no Programa a organização hospitalar precisa atender aos critérios estabelecidos bem como se submeter à avaliação por comissão de auditoria, designada por essa Associação.

Em outros estados do Brasil, já vem despontando propostas de avaliação da organização hospitalar. Isso se deve à conseqüência dos Programas de qualidade hospitalar implantados, exemplos: Hospital Moinhos de Vento (Porto Alegre), Hospital Albert Einstein (São Paulo), Grupo AMESP (São Paulo). Os indicadores elaborados por essas Instituições abordam a proposta de Donabedian e foram apresentados no II Congresso Brasileiro de Qualidade em Saúde realizado em 1995, na cidade de São Paulo.

A proposta dessas instituições focaliza especialmente o processo de controle e de avaliação da organização tanto quantitativa quanto qualitativamente.

Para Pistono (1995), a avaliação da qualidade dos serviços hospitalares deve incluir indicadores de pessoal, como custos, produtividade e indicadores de receita. Esses indicadores, segundo o autor, refletem parte do processo de avaliação institucional e servem para monitorar a disponibilidade de recursos financeiros necessários para o desenvolvimento organizacional.

Toledo (1996), em seu estudo, relaciona 50 indicadores que o Hospital Santo Amaro, localizado na Bahia, vem utilizando para medir a qualidade dos seus serviços. O autor ressalta que, desde a implantação desses indicadores, vem ocorrendo uma melhoria contínua na estrutura, nos processos internos e nos resultados institucionais.

Para Toledo (1996), cada instituição deverá elencar outros indicadores que reflitam a sua missão e seus objetivos institucionais, conforme suas realidades.

A preocupação constante de um Diretor ou dirigente hospitalar é a questão da avaliação de sua organização. Ele é um executivo que tem de conhecer todas as atividades que são desenvolvidas pelos diversos serviços que compõem o hospital, colocando-o na condição de parceiro da chefia de cada serviço, para efeitos de implantação dos controles e da avaliação. A obtenção dos objetivos institucionais deve estar presente a todo o momento do processo administrativo, e não simplesmente na ocorrência de determinados problemas.

Para Cornetta e Felice (1995), a avaliação deve contemplar os seguintes itens: atividades sociais; atividades administrativas; recursos humanos; serviços prestados; componentes econômicos; produtos e equipamentos; normas e técnicas; capacitação das equipes profissionais, ensino e pesquisa, especialmente se tratar de um Hospital Universitário.

O hospital universitário

Poder-se-ia dizer que, qualquer hospital, independente do número de leitos e especialidades, tem além da função assistencial, também, embrionariamente, função didática. Na atualidade, uma das principais funções do hospital é se constituir em Unidade de Ensino. Embora seja uma conquista contemporânea, sua prática vem de um passado longínquo.

Hipócrates, antes de Cristo, e seus seguidores Celsus, Galeno e Antyllus nos primórdios da Era Cristã, imprimiram à medicina grega e romana, bases racionais, transmitindo a seus discípulos os seus conhecimentos e experiências na arte de cuidar dos doentes. Eram nos templos-hospitais da época, os Asclepion em homenagem a Esculápio, que os seguidores da escola hipocrática difundiam suas teorias. Em um desses templos-hospitais, o de Epidaurus, registravam-se nas colunas, os nomes dos pacientes e breves histórias clínicas sobre os casos assistidos (AMADO, 1973).

Mais tarde, teve larga projeção a famosa escola médica de Edessa, que dispunha de dois grandes hospitais de ensino. Entre outros, aponta-se no Oriente, o Hospital "El Cairo" e o criado pelo *Visir Adud al Daula*, que ministravam ensino médico (AMADO, 1973).

Desde cedo, foi percebido o papel do Hospital como uma instituição considerada imprescindível para o desenvolvimento da ciência. A formação de recursos humanos na área de saúde, possibilita a descoberta de novos conhecimentos científicos, por meio da pesquisa. Neste sentido, o hospital é berço de profissionalização, visto que é nele que se dá o aprimoramento técnico de profissionais.

Tradicionalmente, o hospital de ensino se ligava à faculdade de Medicina e destinava-se à formação de médicos. A Organização Mundial da Saúde demonstrou a necessidade de preparação da equipe pluriprofissional, distribuindo-se, de maneira adequada, as funções por seus diversos membros.

Braga (1971), na Assembléia Geral da Organização Mundial de Saúde em 1970, concordou que não seria possível depender, somente, de médicos altamente qualificados para prover serviços a todas as camadas das populações urbanas e rurais. O autor ressalta que a educação para as ciências da saúde é muito cara e recomenda evitar fragmentações e subdivisões das atividades desenvolvidas pelos diversos profissionais; frisando ser importante reunir programas de ensino e docentes em programas multiprofissionais de treinamento.

No Brasil, em decorrência da reforma Universitária, o hospital universitário passou a integrar o centro de ciências da saúde, que reuniu escolas, institutos, clínicas e responsáveis pelo ensino de todas as profissões afins. Os diversos órgãos reunidos, simplesmente foram agrupados ao centro de ciências da saúde e cada um procurou manter o *status quo* ou seja, manutenção das regras determinadas pelo grupo de poder, o que concorreu para pouca ou nenhuma possibilidade de mudança.

Desta forma, os Hospitais, inicialmente denominados de Hospital de Clínicas, hospitais de ensino e atualmente de Universitário, não passaram a oferecer as condições para um trabalho associado, com participação multiprofissional na formação dos futuros profissionais.

Para Ferreira, citado por Rezende (1989, p. 117):

> "o hospital universitário é uma anomalia; com sua função prioritária de dar assistência médica à população, o hospital universitário não está atendendo a um ideal específico da universidade e por estar fora de um sistema de regionalização de serviços de saúde, não segue suas normas e não chega a constituir uma unidade de referência pela falta de mecanismos de coordenação adequados".

Os Hospitais Universitários, além das funções anteriormente descritas, comuns a todos os hospitais, possuem três metas maiores. São elas: formação e treinamento contínuo de profissionais na área de saúde; extensão de serviços à comunidade, com elevado padrão de atendimento e pesquisa pura ou aplicada dentro das ciências da saúde (NOVAES, 1972).

É por meio dos Hospitais Universitários, que se desenvolvem as áreas universitárias, especialmente em nível de pós-graduações, mestrado e doutorado. A maioria dos hospitais de ensino estão vinculados à Universidades. Esta dimensão de ensino nos hospitais impõe responsabilidades à organização, uma das quais é a valorização da função didática, embora continue a existir a função assistencial.

A produção do conhecimento na área da saúde tem possibilitado articular os saberes sobre a saúde-doença às exigências do movimento histórico, sem, contudo, mostrar grande capacidade de resposta quanto à organização do sistema e na solução dos problemas de saúde do País.

Segundo Spinola (1975), os hospitais de ensino e seus administradores bem como as diversas áreas de atuação de ensino deveriam ser ativamente envolvidas em qualquer planejamento de saúde. A autora ressalta que

> "o potencial de um hospital de ensino para exercer liderança em planejamento de saúde comunitária é praticamente ilimitado; isto porque tem uma posição privilegiada, colocando-se entre as escolas de ensino e as organizações de pesquisa de um lado, e hospitais comunitários, médicos e outros recursos de saúde do outro" (p. 216).

Além disso, o Hospital Universitário dando maior ênfase ao ensino e à pesquisa diferencia seu papel de outros hospitais, o que torna as funções de planejamento importantes para gerir os custos que advêm dessas atribuições. O interesse primário do hospital universitário é a comunidade profissional e não a comunidade constituída de pacientes, embora essa seja beneficiada pela alta tecnologia do trabalho que recebe. Outro papel importante do hospital universitário é a socialização dos alunos que dá a eles hábitos, valores, conhecimentos, técnicas e atitudes específicas do meio.

Atualmente os hospitais universitários devem atender os critérios estabelecidos pelo Ministério da Saúde (1994), na Portaria Conjunta n° 1, de 16 de agosto de 1994. Esta Portaria ressalta que: compete aos hospitais de ensino a formação de recursos humanos para a consolidação e aperfeiçoamento do Sistema Único de Saúde no País; o ensino e a pesquisa devem formar profissionais altamente qualificados e aptos para serem integrados ao Sistema de Saúde e que a incorporação e/ou geração de novas tecnologias na área da saúde encontra no hospital de ensino, campo propício para o desenvolvimento dessas atividades. Além disso, esta Portaria salienta que, para atender a estes novos desafios, o Hospital de Ensino deve receber remuneração diferenciada pelos serviços que presta, pois contribuirá para a consolidação e aperfeiçoamento do Sistema de Saúde no País.

O art. 45 da Lei Orgânica de Saúde, Lei n.° 8.080, de 19 de setembro de 1990 (MS, 1990), reza que os hospitais universitários integrar-se-ão progressivamente ao Sistema Único de Saúde, preservando-se sua identidade física, administrativa e jurídica iniciais. O legislador externiza a intenção de garantir a tríade Ensino, Pesquisa e Extensão (Assistência).

No Título II, Dos Direitos e Garantias Fundamentais, no Capítulo II, dos Direitos Sociais, art. 6° da Constituição da República Federativa do Brasil, de 5 de outubro de 1988, consta: "são direitos sociais a Educação, a saúde, o trabalho (...)", portanto esta obrigação do Estado se concretiza por meio de suas instituições de saúde. Logo, o Hospital, aceitando a concepção funcional como instrumento de desenvolvimento social, não pode se eximir desta missão (BRANDÃO, 1992).

Nos documentos anteriores, está evidente que o ensino e assistência são de responsabilidade mútua das organizações e do Estado. Logo, a Universidade tem responsabilidade na qualidade do ensino e da assistência que é prestada pelo Hospital Universitário.

O desenvolvimento eficiente e harmonioso das atividades educacionais, de assistência e de investigação no Hospital Universitário exige que se conciliem a orientação acadêmica e a administração hospitalar.

Estas atividades não devem ser hierarquizadas, senão que consideradas no mesmo plano. No dizer de Davila (1972, p. 45) "ensino e investigação são funções intimamente relacionadas e interdependentes. A assistência ao doente e o ensino, também, devem estar relacionados, pois a qualidade do ensino depende, essencialmente do nível e qualidade da assistência". O exercício das atividades didáticas é um fator de estímulo ao aperfeiçoamento dos serviços.

Do Hospital Universitário, sempre se esperou que tivesse as características de um hospital geral, organizado de acordo com as técnicas idôneas de administração, altamente diferenciado, equipado em condições de imprimir qualidade científica aos diagnósticos e aos tratamentos, destinado a formar profissionais nos níveis de graduação e pós-graduação, capaz de atender à patologias complexas e de realizar investigação de caráter clínico (FRAGA; ROSA, 1977).

Além disso, o Hospital Universitário deve ser capaz de intervir na melhoria da saúde da população, formando profissionais competentes com uma compreensão e visão do todo, isto é, transdisciplinar e, deste modo, contribuir para o alcance da integralidade da assistência à saúde.

Esta questão permeia todo o texto constitucional e se constitui elemento fundamental na busca da saúde integral. Os princípios da universalidade, integralidade, autonomia do usuário, eqüidade, direito à informação, participação da comunidade, entre outros, elencados na Lei Orgânica da Saúde são instrumentos legais para a concretização de novos paradigmas que venham a contribuir para o exercício da cidadania, e, por conseqüência, conquista de mais saúde.

Modernamente, sem perder estas características, põe-se em destaque a função social do hospital. O Hospital Universitário não pode ficar à margem das novas concepções sobre saúde e dos novos recursos da formação de recursos humanos nesta área. A proposta de um atendimento integral à saúde implica numa humanização do atendimento a partir de uma visão global do homem, na plenitude de seus direitos de cidadão.

Nesse sentido, concordamos com Chaves (1996, p. 6) quando afirma que "é necessário uma congruência e uma confluência entre o sistema de saúde e seu subsistema, o aparelho formador de recursos humanos, ambos interagindo, influenciando-se reciprocamente, ambos mudando e evoluindo continuamente". O autor ressalta que estas mudanças devem ser analisadas em conjunto com as políticas nacionais de saúde, de educação e de desenvolvimento econômico e social, para melhor compreensão do todo.

O homem é o fator principal do hospital. Toda instituição hospitalar, dada a sua missão essencial a favor do homem, deve se preocupar com uma melhoria permanente, de tal forma que consiga uma integração harmônica das áreas médicas, tecnológicas, administrativas, econômicas, assistenciais, de ensino e pesquisa.

Para poder lidar com essa diversidade e complexidade de funções, fala-se em transdisciplinariedade, "teoria do caos e processos de auto-organização nas instituições sociais, como uma evolução do pensamento sistêmico". Isto implica em pensarmos, no Hospital Universitário, não como um sistema aberto em que existem o "intra-muros" e o "extra-muros", mas como partes de um todo complexo que abrange o intra e o extra-muros e constitui de uma realidade local, em pleno processo de transformação, resultante da descentralização e municipalização em marcha.

Ao mesmo tempo esta realidade local é parte de outra, nacional, que por sua vez parte de uma realidade mundial. São pré-requisitos desta concepção a perfeita integração do Hospital Universitário à sociedade na qual está inserida. E dele se espera: a) sua adequação ao diploma legal e à realidade social; b) a consciência social livre de ideologias, imbuída de um código de valores verdadeiramente humanitário; c) a capacidade e coragem de agir, traduzida como responsabilidade social.

Dada a natureza da atividade hospitalar de ensino, o controle e a avaliação de suas atividades, são condição *sine qua non* para que o hospital atinja suas finalidades com a perfeição que a nobreza e a imprescindível necessidade de sua existência requerem. Garantir a qualidade de ensino, pesquisa e extensão tornam-se uma das metas principais dos administradores das Instituições hospitalares universitárias, bem como do Estado e de todo ser humano, usuário destes serviços.

A avaliação institucional e o planejamento organizacional são processos fundamentais para retomar o prestígio da Universidade e instrumentos necessários para suplantar o amadorismo da administração, desenvolvendo um profissionalismo na gestão das instituições.

O Hospital Universitário, como parte integrante da Universidade, deve receber desta o devido respaldo para enfrentar os desafios que lhe vem sendo impostos. Desafios estes que se fazem sentir nas avaliações que partem da comunidade bem como dos gestores da Saúde no País.

O planejamento e a avaliação institucional, para manterem coerência, precisam ser trabalhados com base na missão, nos objetivos e na cultura organizacional, devendo ser especificado também o instrumento metodológico e o sistema de trabalho a ser assumido pelos participantes. Isto garante uma direção clara e objetiva de propósitos e uma previsibilidade nos resultados a serem alcançados pela administração, com esforços otimizados para uma mesma direção, sem, no entanto, censurar a criatividade e as concepções dos membros da organização.

Para o desenvolvimento da avaliação institucional é necessário que haja, por meio de indicadores de desempenho, medição da qualidade dos cuidados, eficiência, eficácia, efetividade, produtividade e satisfação do cliente e dos profissionais que nela atuam.

Os indicadores de desempenho devem refletir a qualidade dos serviços prestados ao usuário e, ao mesmo tempo, fornecer subsídios para a implementação de melhorias contínuas no processo gerencial da organização.

Todas as atividades desenvolvidas no Hospital estão intimamente relacionadas entre si. Logo, o estabelecimento de indicadores que envolvem a estrutura, os processos e os resultados nos possibilitam diagnosticar como estão todos os serviços da organização e nos permitem estabelecer um processo de tomada de decisão, baseados na realidade institucional.

Para Donabedian (1993), a avaliação deve considerar a estrutura, os processos e os resultados.

Por estrutura, Donabedian (1993) refere-se ao conjunto de atributos, no qual os cuidados ocorrem. Isto inclui: os atributos de recursos materiais, como as instalações e os equipamentos; os recursos humanos, como o número e qualidade de pessoal; a estrutura organizacional, como organização do corpo médico, de enfermagem e dos demais profissionais; a existência das funções de ensino e pesquisa; o método de revisão por pares e de reembolso; o tipo de supervisão exercida.

A estas características devemos acrescentar, com ênfase particular, o tipo de administração utilizado, se calcados nos objetivos da Instituição Universitária.

Os processos, segundo Donabedian (1993), denotam o que atualmente é feito em dar e receber cuidados. Isto inclui todas as atividades relacionadas aos cuidados de serviços de saúde, como o diagnóstico, o tratamento, a reabilitação e a educação do paciente, bem como as contribuições aos cuidados vindos da família.

Aqui, também, ressalta-se todas as rotinas e os procedimentos administrativos que, embora, por si, possam fazer parte da estrutura e que parece mais adequado considerá-los como peças integrantes do processo. De fato, mais importante do que sua simples existência é a forma como elas são cumpridas ou realizadas.

As permanentes avaliações de todas as atividades e as conseqüentes redesenham suas rotinas e procedimentos, garantindo assim a qualidade dos resultados gerados e sua constante melhoria.

Os resultados segundo Donabedian (1993), envolvem os efeitos e os cuidados no estado de saúde do paciente e da população. A melhora nos conhecimentos dos pacientes e as mudanças salutares nos comportamentos destes são incluídas sob uma ampla definição de *status* de saúde e no grau de satisfação do paciente com os cuidados.

Quanto aos resultados, podemos acrescentar que, embora eles devam ser considerados prioritariamente do ponto de vista dos que os recebem (direta ou indiretamente), visto que esta é a missão da organização, não podemos esquecer que eles só serão garantidos na medida em que forem extensivos também aos profissionais que os originam. Os resultados devem ser considerados do ponto de vista clínico (qualidade clínica) e do ponto de vista administrativo (qualidade gerencial).

Pelo exposto, os indicadores são instrumentos que nos auxiliam na avaliação de todos os componentes que envolvem o hospital, ou seja, eles são construídos a partir das relações entre insumos e produtos.

Para Novaes e Paganini (1992), a avaliação do desempenho institucional inclui: eficácia, adequação, disponibilidade, pontualidade, efetividade, segurança, eficiência, respeito e cuidado em geral com que se prestam os serviços. Para que o desempenho institucional possa ocorrer, foram elaborados padrões de qualidade, dentro de cada serviço que compõe o hospital, abrangendo os aspectos de estrutura, processo e resultado, com indicadores dinâmicos que refletem a qualidade dos serviços prestados. Cada padrão prevê diferentes níveis de satisfação crescentes e correlativos, de maneira que para alcançar um nível de qualidade superior, os níveis anteriores necessariamente devem ter sido satisfeitos. Os níveis considerados mínimos e obrigatórios, isto é, o nível 1, são aplicados a todo estabelecimento hospitalar. Os demais níveis, 2, 3 e 4 dependem da existência ou não do serviço na instituição ou na decisão de cada país ou região de incluí-los entre as exigências.

Para possibilitar a avaliação do desempenho institucional do hospital, a Organização Pan-americana de Saúde/Organização

Mundial de Saúde citada por Novaes e Paganini (1992), estabeleceu indicadores que avaliam:

> "I. Organização da atenção médica, quanto a continuidade da atenção médica, transferência ou referências, ambulatórios, emergências, laboratório de análise clínica, diagnóstico por imagens, hemoterapia, assistência obstétrica, centro cirúrgico, anestesiologia, controle de infecções hospitalares;
>
> II. Áreas técnicas e de apoio, quanto: alimentação, lavanderia, limpeza, esterilização, farmácia, enfermagem, histórias clínicas e arquivo, estatísticas, direção hospitalar, administração, segurança e saúde ocupacional, segurança em geral, garantia da qualidade;
>
> III. Documentação edilícia, que inclui: planos e projetos arquitetônicos, de serviços, de instalações de obras;
>
> IV. Estrutura físico-funcional, que inclui: acesso e circulação;
>
> V. Instalações, que inclui: sistema elétrico, controle de excrementos, resíduos e potabilidade da água, além de conforto na internação".

Além desses indicadores por áreas, conforme a característica da instituição hospitalar, também foram elaborados outros considerados como não obrigatórios como por exemplo: reabilitação, biblioteca e serviço social.

Como se vê, a avaliação do desempenho institucional de um hospital é abrangente e exige a elaboração de indicadores com base na vasta gama de atividades realizadas.

Com base no programa de acreditação de hospitais para a América Latina e Caribe, a Associação Paulista de Medicina e outras instituições já mencionadas elaboraram para os seus respectivos Estados, um modelo de acreditação de hospitais, que contemplam os indicadores estabelecidos pela OPAS/OMS. Esses indicadores, também como propostos pela OPAS/OMS, referem-se a cada um dos serviços que compõe o Hospital e foram adaptados à realidade brasileira em consonância com as legislações de saúde vigentes.

Com a implantação do programa de acreditação em alguns estados brasileiros, os hospitais iniciaram uma verdadeira revolução, quanto a sua eficiência, eficácia, ou seja, o mapeamento interno e externo de como está a sua organização. Como conseqüência, estas organizações passaram a ter maior credibilidade de seu desempenho organizacional.

No dizer de Mezzomo (1992) e Associação Paulista de Medicina (1994), os hospitais brasileiros que passam pelo processo de acreditação, tornam-se instituições de qualidade, que identificam suas falhas, estabelecem diretrizes visando mudanças e o desenvolvimento harmônico dos diferentes componentes organizacionais, e por último favorece a eficiência organizacional.

Indicadores para Avaliação de um Hospital Universitário

Construir indicadores para a avaliação institucional de um hospital universitário não é tarefa simples, pois envolve indicadores aplicáveis a qualquer hospital acrescidos àqueles que se referem à instituição universitária.

Para a elaboração da presente proposta, tomou-se por base o indicador de estrutura, de processos e de resultados proposto por Donabedian (1993). Os padrões mínimos estabelecidos pela OPAS/OMS, como parte do programa de avaliação de desempenho da organização hospitalar, bem como os indicadores estabelecidos por alguns estados brasileiros para acreditação de hospitais, também foram empregados.

Além destes, foram elaborados indicadores relacionados às atividades de ensino e pesquisa baseados nas diversas literaturas de avaliação da Universidade.

A proposta teórica de um elenco de indicadores, para compor um instrumento de avaliação institucional de um hospital universitário, será elaborada para cada serviço existente no hospital. A opção de elaboração para cada serviço é que estes são componentes essenciais para o funcionamento do hospital.

As atividades desenvolvidas pelos serviços, intervêm em aspectos organizacionais porque incluem não somente assuntos de estrutura básica das unidades hospitalares, mas também a sua dinâmica e procedimentos. Essa programação contribui para que a administração se transforme, progressivamente, de empírica para uma gerência profissional.

Logo, essas atividades são também instrumentos para consulta e avaliação e devem descrever claramente, as diferentes tarefas executadas pelo Hospital e pelas Unidades que este apóia dentro da comunidade, procurando interpretar todos os mecanismos de comunicação técnica-administrativa.

Ferreira (2002, p. 262), salienta que

"no processo de gestão, informações de todas as áreas da organização devem ser agregadas e analisadas para apoiar as decisões organizacionais e seu planejamento. Assim, o sistema de informação de uma organização tem que estar alinhado com sua missão, objetivos e metas, para que possa fornecer os indicadores necessários para o acompanhamento de seu desempenho e resultados. Além disto, deve ser capaz de responder às necessidades de informações dos clientes e demais partes interessadas na organização".

O modelo de avaliação ora proposto apresenta um conjunto de 30 áreas de avaliação, onde em cada uma delas são identificados indicadores avaliativos, num total de 418. As áreas propostas para a avaliação de um Hospital Universitário são:

QUADRO 2. ÁREAS PROPOSTAS PARA A AVALIAÇÃO DE UM HOSPITAL UNIVERSITÁRIO

Área	Indicadores Propostos
I – Administração geral do hospital universitário	18
II – Garantia da qualidade	8
III – Recursos humanos	13
IV – Serviço de saúde ocupacional	13
V – Estrutura físico-funcional e de instalações	17
VI – Resíduos dos serviços de saúde e potabilidade da água	7
VII – Conforto e segurança na internação	12
VIII – Serviço de nutrição e dietética	11
IX – Processamento de roupas	15
X – Higiene hospitalar	9
XI – Central de processamento de materiais	14
XII – Serviço de farmácia	12
XIII – Assistência multiprofissional ao paciente	20
XIV – Controle de infecção hospitalar	9
XV – Centro cirúrgico	24

XVI – Serviço de anestesiologia	10
XVII – Serviço de emergência	20
XVIII – Unidade de terapia intensiva	19
XIX – Laboratório de análises clínicas	19
XX – Diagnóstico por imagens	21
XXI – Métodos gráficos	6
XXII – Hemoterapia	13
XXIII – Serviço de anatomia patológica	11
XXIV – Serviço de diálise e hemodiálise	18
XXV – Serviço de reabilitação	18
XXVI – Serviço social	9
XXVII – Atividades de ensino e pesquisa	23
XXVIII – Histórias clínicas e arquivo	15
XXIX – Contabilidade e tesouraria	8
XXX – Sistema de informação hospitalar	6

Considerações Finais

Quando se analisam os fatores que deterioram a eficiência do setor de saúde, evidencia-se que o déficit no planejamento permite a existência de instituições que freqüentemente carecem de condições mínimas de funcionamento e não respondem às necessidades reais da população, oferecendo serviços que não satisfazem os padrões mínimos de qualidade institucional.

O Hospital Universitário passa hoje por duas direções: uma voltada para dentro, isto é, para a própria Universidade, cujos objetivos fundamentais são o ensino e a pesquisa; outro para fora, ou seja, para a comunidade, em relação à qual os serviços de atendimento de saúde são mais importantes.

A consolidação destas três funções: assistência, ensino e pesquisa são um grande desafio a ser enfrentado, pois é dele que novas perspectivas serão abertas para o próximo milênio.

O planejamento e a avaliação institucional são instrumentos de gestão que já vêm sendo utilizados com resultados positivos nos hospitais de ensino americano e canadense e, mais recentemente, em alguns hospitais particulares brasileiros.

Neste trabalho, procurou-se apresentar um conjunto de elementos que leva a refletir sobre o papel da Universidade em estabelecer parâmetros dos Hospitais Universitários a ela subordinados. Pela literatura, percebe-se claramente que há pouca gerência da Universidade em determinar diretrizes assistenciais, de ensino e de pesquisa nesses hospitais. Na verdade, há falta na universidade brasileira de um Projeto Pedagógico Institucional, só agora proposto na legislação.

Por outro lado, os gestores das organizações hospitalares de ensino não possuem ou possuem pouca prática no planejamento e avaliação da instituição. Acredita-se que isso se deve em decorrência do amadorismo e da falta de profissionalismo técnico e gerencial para administrar estas organizações.

Ao estudar alguns exemplos de organizações hospitalares de ensino, detectamos a falta de objetivos organizacionais voltados as suas reais funções, isto é, o ensino. Além disso, detectou-se a falta de planejamento da Universidade em determinar as diretrizes gerais que emanam as atividades complementares no Hospital Universitário, bem como a falta de controle da eficácia e eficiência de serviços prestados.

Os indicadores propostos para compor um instrumento teórico de avaliação institucional de um Hospital Universitário, neste trabalho, têm como meta básica contribuir no processo gerencial, de modo que, os processos decisórios efetuados pelos gestores, sejam calcados na realidade institucional.

A avaliação de um Hospital Universitário deve englobar a tríade de suas funções: a assistência, o ensino e a pesquisa. A utilização de indicadores é fundamental para o processo de tomada de decisões, em uma gestão baseada em fatos. Porém, é necessário que estes sejam construídos de forma consistente e dentro de um modelo lógico, para que sejam efetivamente utilizados como apoio ao processo de gestão. Somente por meio de avaliações é que se pode revelar as áreas, serviços ou profissionais que tenham necessidade de melhoria com ações preventivas e pró-ativas, de orientação aos futuros passos, tarefas, condutas dentro do sistema de trabalho organizacional, de atividades de ensino e pesquisa.

Referências bibliográficas

AMADO, G. O ensino no hospital. **Revista Paulista de Hospitais**, v. 21, n. 12, dez, 1973.

ASSOCIAÇÃO PAULISTA DE MEDICINA. **Programa de controle de qualidade do atendimento médico-hospitalar do Estado de São Paulo**. São Paulo, 1994.

BITTAR, O. J. N. V. **Hospital**: qualidade & produtividade. São Paulo: Sarvier, 1996.

BITTAR, O. J. N. V. **Produtividade em hospitais**. São Paulo, 1994. Tese (livre docência) – Faculdade de Saúde Pública, Universidade de São Paulo.

BRAGA, E. New concepts in medical education. **Ciba Foundation Symposium on Team for World Health**, 1971.

BRANDÃO, E. **Identidade e filosofia da Pontifícia Universidade Católica do Paraná**. 2ª ed., Curitiba: Champagnat, 1992.

CHAVES, M. M. Uma nova visão do ensino médico. **Revista Brasileira de Educação Médica**, Rio de Janeiro, v. 20, n. 2/3, maio/dez, 1996.

CORNETTA, V. K.; FELICE, S. A. Avaliação da qualidade dos serviços hospitalares e a satisfação no trabalho. **Revista Laes & Haes**, São Paulo, fev./mar., 1995.

DAVILA, C. Hospitales de enseñanza. **Educación Médica Y Salud**, v. 6, n. 2, 1972.

DONABEDIAN, A. **Qualidades na assistência a saúde**. São Paulo: FGV/FCFMUSP, PROAHA, maio, 1993.

FERREIRA, D. P. Indicadores em saúde: construção e uso. In: CIANCIARULLO, T. I.; CORNETTA, V. K. **Saúde, desenvolvimento e globalização** – um desafio para os gestores do terceiro milênio. São Paulo: Ícone, 2002.

FRAGA, C.; ROSA, A. R. O hospital universitário: conceitos e perspectivas para a educação e a assistência. **Revista Paulista de Hospitais**, v. 25, n. 12, dez., 1977.

MEZZOMO, J. C. **Qualidade hospitalar** - reinventando a administração hospitalar. São Paulo: CEDAS, 1992.

MINISTÉRIO DA SAÚDE. Secretaria de Assistência à Saúde. **Lei orgânica da saúde - Lei n. 8.080**, de 19 de setembro de 1990. Brasília D.O., 20 de setembro de 1990.

MINISTÉRIO DA SAÚDE. Secretaria de assistência a Saúde. **Portaria n. 1**, de 16 de agosto de 1994. Brasília D.O.,17 de agosto de 1994.

NOVAES, H. de M. Organização de hospitais de ensino. **Revista Paulista de Hospitais**. v. 20, n. 5, maio, 1972.

_____. Garantia de qualidade em hospitais da América Latina e do Caribe. In: **Organização Pan-americana de Saúde**. Série SILOS, n. 13, Brasília, 1992.

NOVAES, H. de M.; PAGANINI, J. M. Acreditação de hospitais para a América Latina e o Caribe. In: **Organização Pan-americana de Saúde**, n. 13, série SILOS, Brasília, 1992.

ORGANIZAÇÃO PAN-AMERICANA DE SAÚDE/ORGANIZAÇÃO MUNDIAL DA SAÚDE/ FUNDAÇÃO W. K. KELLOGG/ FACULDADE DE SAÚDE PÚBLICA DA USP. **Avaliação para a transformação**: Bolívia, Dominica, Haiti, República Dominicana, São Vicente e Granadinas. Washington: Humberto de Moraes Novaes, 1995.

PISTONO, M. H. **Dimensões da qualidade e gestão da qualidade total em organizações médico-hospitalares**. Rio de Janeiro: Corbã editora, 1995.

REZENDE, A. L. M. de. **Saúde**: dialética do pensar e do fazer. 2ª ed., São Paulo: Cortez, 1989.

SPINOLA, A. W. de P. Características do hospital de ensino médico. **Revista Paulista de Hospitais.** , v. 23, n. 5, maio, 1975.

TOLEDO, L. P. M. de. **A acreditação hospitalar como instrumento de melhoria de qualidade**. *IN*: CONGRESSO BRASILEIRO DE ADMINISTRAÇÃO TOTAL DA QUALIDADE HOSPITALAR. São Paulo, maio, 1996.

Planejamento Estratégico e Avaliação em Unidade Básica de Saúde

Marcia Regina Cubas

Introdução

É fato inquestionável que os serviços locais de saúde, após terem assumido a porta de entrada do sistema, vem adquirindo questões de maior complexidade e dentre estas o planejamento e a avaliação, como parte integrante deste. A conseqüência lógica desta situação é que estes dois elementos passam a ser objetos de discussão na prática diária e necessariamente para a pesquisa.

O presente texto apresenta algumas considerações acerca da fala dos gerentes de Unidades Básicas de Saúde da Secretaria Municipal da Saúde - SMS de Curitiba sobre os aspectos do planejamento local e da avaliação. Usa para isso parte da discussão realizada por Cubas (2002), durante sua dissertação de Mestrado em Saúde Pública.

A SMS – Curitiba promoveu um grande passo rumo ao planejamento descentralizado quando da implantação dos Núcleos Regionais de Saúde, em 1992. Houve mudanças significativas no nível local e a denominada Autoridade Sanitária Local (ASL), necessitaria ser um gerente capacitado para assumir tarefas mais complexas.

Inicialmente, o planejar do serviço foi conduzido de formas diversas com a apropriação teórica originada por oficinas que inseriam os conceitos de território, sistema de informação em saúde e planejamento estratégico, pré-requisitos básicos para a implantação efetiva do Distrito Sanitário. Posteriormente, em 1995, a SMS forneceu uma capacitação gerencial através do Projeto GERUS[8] (Gerência de Unidades Básicas de Saúde do Distrito Sanitário), disponibilizando um contato oficial com a teoria do planejamento estratégico em saúde e o exercício do planejar participativo e comunicativo.

Santos Filho e Costa (1999, p. 44), resgatam "a concepção de que é papel primordial do gestor local institucionalizar práticas de planejamento de ações, tendo como base a avaliação contínua". Portanto consideramos o planejamento local como forte instrumento de gerência, não devendo ser objeto de um "modismo" e sim um projeto institucional de compromissos firmados.

Este capítulo, na sua revisão bibliográfica, conceitua os objetos para estabelecer uma lógica às palavras amplamente utilizadas no decorrer do conteúdo e apresenta um breve relato sobre a abordagem estratégica da planificação. Na seqüência complementa a revisão situando alcances e possibilidades da prática de planejamento local, referido por autores que exercitaram o processo de construção do plano num espaço singular.

Finalmente ousamos tecer considerações sobre algumas das orações edificadas, com o propósito ancorado pela sugestão de Gallo (1996), sendo um estímulo ao desenvolvimento dos gestores locais, amparando-os com uma rede de solidariedade que lhes dê capacidade de governo e auxilie na governabilidade.

Planejamento

O conceito de planejamento é bastante discutido e diverso, Fekete (1995), apresenta que o mesmo tem uma re-contextualização na

---

[8] Esta capacitação resultou numa especialização realizada em parceria com o Núcleo de Estudos em Saúde Coletiva - NESCO, Pontifícia Universidade Católica do Paraná - PUC-Pr, Ministério da Saúde - MS e Organização Pan-americana da Saúde - OPS.

saúde, à luz de Matus, e sua definição é ampla e se refere a um cálculo precedendo e presidindo a ação, mediando-a com o conhecimento. Além do fato de ser um processo social complexo, produto das relações e articulações entre forças sociais numa realidade histórica.

Paula e Silva (2000), infere que o planejamento pode ser comparado ao preparo de uma viagem, a jornada em direção ao que queremos; mas que pressupõe incertezas, responsabilidade, auto-conhecimento para estabelecer limites, requerendo uma abordagem integrada. Afirma que: "um bom planejamento não gera somente grandes objetivos e idéias geniais, *gera vontade, compromisso e convicção* para realizar algo que provavelmente já existe no mais íntimo das pessoas" (p. 18).

Tancredi, Barrios e Ferreira (1998, p. 13), trazem considerações acerca do conceito: "o planejamento é o instrumento que permite melhorar o desempenho, otimizar a produção e elevar a eficiência dos sistemas no desenvolvimento das funções de proteção, promoção, recuperação e reabilitação da saúde". Salientam ainda o planejamento como instrumento de gestão, promotor de desenvolvimento gerencial, exercendo forte influência sobre o compromisso das pessoas com os objetivos institucionais sendo uma atitude permanente da organização e do administrador.

Avaliação

Da mesma forma que o conceito acima citado dispõe de várias formas de decodificá-lo, com a definição de avaliação não seria diferente. Contandriopoulos *et al* (1997), diz que cada avaliador pode construir a sua definição e apresenta que a avaliação "consiste fundamentalmente em fazer um julgamento de valor a respeito de uma intervenção ou sobre qualquer um de seus componentes, com o objetivo de ajudar na tomada de decisões" (p. 31).

Santos Filho e Costa (1999), afirmam que Donabedian tem sido o marco referencial nas abordagens sobre avaliação como requisito para qualidade dos serviços, sendo aquela relacionada com o modo de vida da população, os recursos e os objetivos da assistência.

A Organização Mundial da Saúde segundo Mendes (1994), aponta a avaliação como um processo organizativo que determina a relevância, efetividade e o impacto das ações, cujo objetivo maior é melhorar as atividades em andamento, planejar o futuro e ajudar nas tomadas de decisões.

Cabe aproximar a equivalência aferida por Feuerstein (1990), de que a avaliação nos leva a enxergar para onde e a que velocidade estamos indo, portanto é ferramenta para prever quando vamos chegar ao objetivo.

Necessidade de Planejamento

Paula e Silva (2000), afirma que o planejamento deve ser realizado quando:
- não é possível conviver com determinadas questões;
- são necessárias respostas efetivas para estas questões;
- não se tem recursos suficientes;
- houver um grupo convencido a desencadear o processo;
- e a organização puder dedicar tempo a ele.

Matus (1993), argumenta que a necessidade do planejamento ocorre quando temos clareza da presença destas seis questões:

– *É necessária a mediação entre o futuro e o presente*, entendendo que se o amanhã ocorrer sem um plano atua-se tardiamente sobre os problemas e perde-se oportunidades de resolvê-los.

– *É necessário prever quando a predição é impossível*, assim se verifica a possibilidade para prever ações e sermos oportunos e eficazes na execução destas.

– *Reação veloz e planejada ante as surpresas*, estando preparado para atuar quando elas ocorrem.

– *É necessária uma mediação entre passado e futuro*, entendendo que com freqüência falhamos na velocidade da resposta às surpresas e devemos aprender com isso.

– *É necessária uma mediação entre o conhecimento e a ação*, inserindo neste ponto a mediação necessária com os atores participantes do plano.

– *É necessário coerência global ante as ações parciais dos atores sociais*, pensando que cada um produz fatos conforme suas visões particulares.

Frente a estes argumentos sobre a necessidade da presença do planejamento soma-se a definição de plano de Matus (1991), como o produto momentâneo do processo pelo qual um ator seleciona uma cadeia de ações para alcançar seus objetivos, sendo este inevitável, cercado de incertezas, imprecisões, surpresas, rejeições e apoios. O mesmo autor afiança que o plano será mais sólido quanto maior forem as variáveis que o planejador controla em relação as que não controla.

Cabe aqui o nosso entendimento de que planejamento não é a mesma coisa que plano, o primeiro deve ser entendido como processo e atitude permanente da organização e o segundo deve existir para documentar acordos e dar direcionalidade.

Necessidade de avaliação

A partir dos anos 70 se impôs a necessidade de avaliar as questões sanitárias, foi o pós-período de implantação de grandes programas com altos investimentos, e o controle de custos do sistema de saúde precisava ser estabelecido. Contandriopoulos et al (1997), afirma que a avaliação sanitária tende a ser difícil devido a complexidade do sistema de saúde e a grande zona de incerteza que existe nas relações entre os problemas de saúde e as intervenções propostas para resolvê-los, sendo necessário a informação sobre o funcionamento e a eficácia do sistema de saúde.

Partindo de um contexto mais local, Paula e Silva (2000), apresenta a avaliação como uma fase do planejamento e pressupõe o acompanhamento da implementação do plano, e nesta mesma lógica Feuerstein (1990), apresenta dez motivos básicos para justificar uma avaliação:

- verificar o resultado de algüma ação;
- medir o progresso segundo os objetivos traçados;
- aperfeiçoar o controle para uma melhor administração;
- identificar os pontos fortes e fracos;
- verificar o impacto do programa;
- analisar o retorno do investimento;
- coletar dados para planejar;

- trocar experiências;
- aumentar a eficácia;
- melhorar o planejamento.

Sistema operacional do Planejamento Estratégico Situacional

Para melhor entendermos o planejamento e a avaliação a que nos referimos, é pertinente um pequeno relato sobre a abordagem operacional do planejamento estratégico situacional de Carlos Matus, por entendermos que o mesmo apresenta considerações significativas para a construção de um processo de planejamento e avaliação. Cabe também apontar que esta linha teórica é a adotada pelo sistema de administração do município de Curitiba e foi base para formação dos gerentes de unidades básicas de saúde.

Matus (1993), afirma que governar é algo muito complexo e não pode ser reduzido a uma teoria. Por este pressuposto, seu promotor apresenta alguns condicionantes do governo no contexto situacional, articulando três variáveis que são ilustradas através do triângulo de Matus:

Fonte: MATUS, 1993, p. 60.

O *projeto de governo* refere-se ao conteúdo propositivo dos projetos de ação que um ator propõe a realizar para alcançar seus objetivos; a *governabilidade* é uma relação entre as variáveis que o ator controla e não controla no processo de governo e a *capacidade de governo* é a capacidade de condução ou direção de um ator e sua equipe de governo.

Este triângulo aloca a situação do governante perante a realidade e dá forma ao sistema, explicado pelo autor Matus (1991): quando o governo tem baixa capacidade, isso afeta a governabilidade, a proposta e a sua gestão; se um projeto é muito exigente, ele prova a capacidade de governar e a governabilidade. Por fim, a governabilidade limita o projeto e exige capacidade.

Dentro desta lógica Matus (1997), apresenta a necessidade de um sistema de deliberações, cuja qualidade para ele não é autônoma, ou seja: necessita de uma direção estratégica com coerência para estruturar práticas de trabalho cujo apoio é firmado por outro triângulo de sistemas-chaves:

Fonte: MATUS, 1997 (adaptado pela autora).

A *configuração da agenda* decide os temas urgentes e importantes e a luta entre a improvisação e o planejamento, fazendo a alocação do tempo e o foco de atenção; no *sistema de cobrança e prestação* de contas é onde se decide a luta entre a responsabilidade e a irresponsabilidade; e por fim é o *sistema de gerência* formulado por operações onde se defrontam a gestão criativa e a rotineira.

O autor cita que a direção estratégica exige a presença de dez sistemas:
- o de *configuração da agenda do dirigente*, que é o vértice do triângulo acima citado;
- o de *processamento tecnopolítico*, que estabelece a mediação entre o conhecimento e a ação;
- o de *condução de crises*, que age em casos de emergência;
- o de *planejamento estratégico*, que se preocupa com o plano global;

- os *centros de grande estratégia*, que oferecem opções a longo alcance;
- os de *orçamento por programa*, que aloca os recursos econômicos;
- o de *monitoramento*, que acompanha as situações;
- o de *cobrança e prestação* de contas por desempenho, que exige o cumprimento dos compromissos;
- o de *gerência por operações*[9], que assume a execução das propostas e diretrizes, convertendo em ações;
- a da *escola de governo*, para a formação do corpo dirigente.

Ainda nesta linha de pensamento temos que nos reportar, dentro do objeto de nosso estudo, à idéia de que as regras do sistema organizacional podem permitir ou não a inserção de um processo de planejamento a nível local, ou seja, uma organização centralizada e com baixa responsabilidade tem dificuldades na apropriação de mudanças, devendo para tanto ser transparente aos atores que estão inseridos no processo de planejamento, no caso as Autoridades Sanitárias Locais - ASL (gerentes de Unidades de Saúde) o conhecimento de regras e elementos (Matus, 1997), tais como:

- a missão, como direcionalidade;
- a estrutura organizacional pela sua departamentalização;
- as competências atribuídas a cada uma das partes;
- e a responsabilidade na prestação de contas e desempenho.

Estes vão definir a eficácia e a eficiência da gestão local e suas relações paralelas e hierárquicas.

Portanto espera-se que a organização a nível central esteja direcionada para demandar planejamento local, contribuindo para instalação de uma cultura de responsabilidade, cobrando e avaliando sistematicamente, presumindo-se a criatividade dos gestores locais.

E como conseqüência deste pensamento no que se refere ao planejamento local, deve ser destacado a descentralização do sistema. Matus (1997), afirma que: nenhum problema deve ser processado em um espaço que o tome como rotineiro, pois o mesmo tem

---

[9] Neste vértice é que se encontra a presença da Autoridade Sanitária Local no Sistema da SMS de Curitiba.

um valor baixo neste nível, devendo descer na estrutura até que o mesmo tenha um valor alto e possa ser tratado criativamente, ou seja, todo problema deve ser enfrentado onde ele tenha um alto valor. Privilegiando desta forma os espaços cujos problemas são tratados e resolvidos onde eles ocorrem e afetam aqueles que estão inseridos neles, conforme Mendes (1994), a utilidade dos espaços de planejamento está em circunscrever o problema onde há capacidade de ação para enfrentá-los.

Remetendo-se ao ocorrido no processo de implantação dos Distritos Sanitários em Curitiba, Giacomini (1994), relata que para atingir objetivos o processo deveria ser orgânico no âmbito da instituição como um todo e coerente com o propósito de deslocamento e construção de espaços de poder.

A prática do planejamento local: seus alcances e possibilidades

O objeto deste estudo refere-se ao planejamento de Unidades de Saúde em âmbito municipal com *território* adstrito, *população* definida e *gerência local*.

Este espaço possui articulações várias, dentre elas, o processo metodológico que é apresentado à equipe para a condução do plano. Testa (1992), nos permite sugerir que a determinação do método desenvolvido pelo grupo revelará alguns procedimentos formalizados, normas de comportamentos e conseqüentemente aquisições de habilidades. Complementando com Gawryszewski (1991), a autora dispõe de variáveis, entre outras, quando se desenvolvem planejamentos em serviços de saúde: o conflito permanente de poderes, a dificuldade para articulá-los no sentido de possibilitar intervenções realmente transformadoras e a reprodução de modelos centralizadores.

Um dos primeiros pontos a serem mencionados é a questão da técnica utilizada nos planejamentos locais. As experiências relatadas na literatura apontam que muito ainda se deve discutir e aprender sobre o tema e suas determinações.

Outro fato apontado por Teixeira e Melo (1995), é a insuficiente apreensão de conceitos que ancoram o planejamento, sendo esta uma variável limitante para a execução de um plano, a experiência do município de São Paulo exposta pelos autores possibilita uma discussão quanto à adaptação de métodos à realidade e a importância conferida ao papel do Distrito Sanitário nos momentos do processo de construção do planejamento, em especial na formulação da imagem objetivo e na coordenação e condução do mesmo. A metodologia de planejamento desenvolvido no município (que utilizou pressupostos do PES), como processo participativo, propôs uma reflexão de práticas e incorporou laços de compromissos, possibilitando o fortalecimento e independência do nível local e a capacidade e liberdade na determinação de prioridades.

Gallo (1996), apresenta algumas críticas ao PES quando este é aplicado rigorosamente sob uma modelagem exacerbada, que se pode levar a uma produção de "pilhas" de formatos sem utilidade concreta, impedindo a criatividade do gestor, concluindo que o preenchimento de planilhas pode tornar-se mais importante que a realidade que se pretende intervir. Por outro lado cabe a reflexão de Cecílio (1997), de que se pode simplificar, porém sem amesquinhar, não abrindo mão do rigor que certas categorias serão trabalhadas.

Nesta mesma ótica podemos salientar a posição adotada por Merhy (1995), quando critica a priorização dos métodos em relação aos sujeitos do planejamento, afirmando que no processo organizacional sempre há um tipo de poder para atuar e que este gera um método de intervenção. Neste sentido, o Brasil é marcado por contribuições: "há os que advogam a precedência de planejamento sobre os sujeitos concretos e, por outro lado, os que advogam o universo, ao ponto de subordinar a discussão do método a uma compreensão mais fundamental dos sujeitos em cena e seus projetos, até o limite de um *fazejamento* e não de um *planejamento*" (p. 139)[10].

Cabe aqui uma reflexão proposta por Santos Filho e Costa (1999), quanto a necessidade de: "perder preconceitos em relação à utilização de certas metodologias, procurando dominá-las, inclusive para ser legítimo em seu uso e críticas, ousando na busca de alternativas metodológicas que ajudem a detectar problemas e agir (p. 52)". Artmann, Azevedo e Sá (1997), apresentam que é necessária a manutenção de um certo grau de sistematicidade e rigor metodológico desde que os participantes não se deixem aprisionar ou subordinar pelo método.

---

[10] Grifo meu.

Neste ponto devemos referir outros condicionantes: o papel e/ou função desempenhada pelo condutor do processo de planejamento local. Burmester e Richard (1995), determinam como elemento chave para o sucesso do processo de planejamento a personalidade do diretor, e Campos (1989), acredita que o futuro gerenciador do sistema de saúde deverá ter domínio dos tradicionais conhecimentos da Saúde Pública e de habilidades no gerenciar, planejar e organizar os serviços de saúde.

Tancredi, Barrios e Ferreira (1998), avaliam todo um leque de habilidades, como: criatividade, flexibilidade, visão, liderança, autoridade, conhecimentos específicos de administração, destemor em correr riscos e ousadia de inovar. Uribe Rivera (1996), complementa que o gerente sanitário deveria priorizar os fatores liderança, capacidade de comunicação e motivação. Para tanto o gestor precisa da inteiração com a missão institucional e apreensão de instrumentos que lhe dê capacidade técnica, sendo o papel do Distrito ou da Secretaria a responsabilidade do acompanhamento deste gerente local (SANTOS FILHO; COSTA, 1999).

Dussault (1992), ao apontar as exigências do papel do gerente no setor de saúde refere-se a conhecimentos, habilidades e atitudes que variam conforme a responsabilidade, o tipo de serviço e o contexto. Tudo isso ligado à capacidade de realizar "colaboração", ou seja, não se pode construir sozinho. Se a pergunta for: É possível "formar" dirigentes com este perfil? O autor afirma parecer um retrato idealístico, mas que corresponde às características e exigências das organizações públicas de saúde.

Cabe ressalvar qual Cecílio (1997), que num sistema de alta responsabilidade as pessoas assumem o compromisso coletivo de executar tarefas bem específicas, necessitando para tanto um processo contínuo de avaliação. Mas o que se observa é que:

> "não há tradição das pessoas trabalharem com declaração de compromissos diante de determinadas tarefas e, muito menos, nenhuma cobrança efetiva sobre possíveis compromissos assumidos. Além do mais, as agendas da direção superior, bem como das gerências intermediárias, vivem lotadas com problemas emergenciais, que aparentemente não podem ser "deixados para depois", de modo que nunca sobra tempo para "trabalhar com planejamento" (pp. 166-7).

Metodologia

Escolhemos como instrumento metodológico o Discurso do Sujeito Coletivo (DSC), que Lefèvre e Lefèvre; Teixeira (2000), definem como uma proposta de organização de dados qualitativos de natureza verbal, que podem ser obtidos de depoimentos ou outras fontes, tendo como fundamento a teoria da Representação Social e seus pressupostos metodológicos.

Com base neste conceito os autores procuram resgatar a *fala do social*. A construção do DSC é realizada na primeira pessoa do singular com o objetivo de estar mais próximo do pensamento coletivo, sendo necessário identificar e "somar qualitativamente" discursos semelhantes ou complementares obtidos através das entrevistas, ou seja: "um discurso geral feito de discursos individuais agregados" (LEFÈVRE e LEFÈVRE; TEIXEIRA, 2000).

O método dispõe na aplicação de quatro figuras metodológicas, a saber:

– **Expressões chaves** – ECH que são "transcrições literais de parte do discurso" (LEFÈVRE e LEFÈVRE; TEIXEIRA, 2000, p. 18) ou "pedaços, trechos, ou segmentos, contínuos ou descontínuos do discurso, que devem ser sublinhados, iluminados e coloridos pelo pesquisador, os quais revelam a essência do discurso ou teoria subjacente" (LEFÈVRE e LEFÈVRE, 2001, p. 2).

– **Idéia central** – IC que se refere ao "nome ou expressão linguística que revela e descreve da maneira mais sintética e precisa possível o sentido ou o sentido e o tema das ECH de cada um dos discursos analisados e de cada conjunto homogêneo de ECH" (LEFÈVRE e LEFÈVRE, 2001, p. 3) ou ainda "a afirmação que permite traduzir o essencial do conteúdo" (LEFÈVRE; LEFÈVRE; TEIXEIRA, 2000, p. 18). Ao contrário das ECH as IC são *abstratas, conceituais, sintéticas, frias e poucas* referenciando o que o entrevistado quis dizer.

– **Ancoragem** – AC que se define como "a expressão de uma dada teoria, ideologia, crença religiosa que o autor professa e que está embutida no seu discurso como se fosse uma afirmação qualquer" (LEFÈVRE e LEFÈVRE; TEIXEIRA, 2000, p. 17). Um discurso é considerado ancorado quando encontra um alicerce de pressupostos, teorias, conceitos e hipóteses, reafirmando que é a *teoria que sustenta a prática*.

– **Discurso do sujeito coletivo** – DSC que é definido como "uma reunião num só discurso-síntese homogêneo de Expressões Chaves que tem a mesma Idéia Central ou Ancoragem" (LEFÈVRE e LE-FÈVRE, 2001, p. 3), é "o discurso individual, expandido, socializado, mas jamais deturpado" (LEFÈVRE e LEFÈVRE, 2001, p. 4).

Pode ser apresentado de duas formas com finalidade didática:

- discurso global (uno): sobre um determinado tema há apenas um único discurso presente na cultura;
- discurso didaticamente separado: por ser complexo ou diverso (por isso deve ser contrastado); ou conflitante (antagônicos).

Para o nosso trabalho utilizamos entrevista semi-estruturada, a matéria foi gravada e posteriormente transcrita e tratada com a ferramenta metodológica do DSC. O Universo da pesquisa foram oito Autoridades Sanitárias Locais (ASL) de Unidades de Saúde representantes dos oito Distritos Sanitários – DS de Curitiba[11] selecionadas pelos critérios: tempo de SMS, tempo de gerência e a prática de planejamento.

Cabe ressaltar que Lefèvre e Lefèvre e Teixeira (2000), afirmam que a seleção dos sujeitos para a pesquisa qualitativa deve respeitar os critérios de *quantidade, variabilidade e qualidade* dos atores, no sentido da possibilidade de fornecimento de dados ricos, interessantes e suficientes para a construção do DSC. Portanto *a variável quantidade não é crítica* e *sim a variável da variabilidade*, neste caso procuramos distribuir atores nos oito DS, com formações diferentes e com condução de US com características diversas (territórios, área de abrangência, pequenos e grandes, US básica e PSF, com características sociais diversas).

Construção do Discurso do Sujeito Coletivo

Através das leituras e escutas das entrevistas individuais foram elaboradas as IC's. Pelo fato de não se tratar de uma apresentação

---

[11] Foram excluídas as Unidades 24 horas e as de âmbito municipais (centro de especialidades), participando do estudo apenas as US básicas e do Programa Saúde da Família.

completa da dissertação, iremos apresentar apenas os discursos que dizem respeito aos aspectos da integração entre o planejamento e a avaliação, a saber:

- A **intersetorialidade** é um fator determinante para o processo de planejamento.
- A **avaliação** é a continuidade do processo de planejamento e tão importante quanto este.
- A **autonomia** do nível local é relativa.
- A **participação da equipe** na construção do planejamento é um facilitador.
- A **participação da comunidade** é elemento central no planejamento local.
- O planejamento local é fruto de uma **cultura institucional**.

A organização dos depoimentos foi desempenhada por meio da análise de cada entrevista, da extração das IC's (uma a uma) com suas respectivas ECH's buscando "resgatar o essencial do conteúdo discursivo em que se divide o depoimento" (LEFÈVRE, LEFÈVRE; TEIXEIRA, 2000, p. 18). Em seguida foram agregando-se as ECH's iguais ou equivalentes estabelecendo o DSC.

Nesta discussão faremos algumas considerações sobre os DSC's aqui construídos, sendo uma apresentação de resultados considerados representativos e totalmente passíveis de novas reflexões ao possibilitar os Gestores Locais a repensar em seus estilos, desempenhos e experiências.

O DSC oferecido a partir da idéia central da **intersetorialidade** apresentou-se único:

> **DSC:** "Eu acredito que o pensar junto, quando se está atendendo uma mesma população e o construir com outras secretarias em busca da intersetorialidade ia facilitar muito o planejamento local. Às vezes lido com coisas bem sociais e preciso do trabalho de outros parceiros, pois se não existir entidades locais trabalhando com a gente, estamos falidos... com o planejamento local temos uma maior parceria, crescemos juntos... porque para melhorar a cidade sei que as ações serão voltadas para a saúde, condições sócio-econômicas,

habitação, alimentação e está tudo grudado, vamos ter que integrar os setores".

Percebe-se que o movimento proporcionado pela PMC no sentido de avaliar intersetorialmente e compor Planos Distritais para a cidade, no local onde eles são necessários reforça a necessidade da ação conjunta de várias secretarias, ancorando-se nas hipóteses evidenciadas por Inojosa (1998), ao escrever sobre a modelação de uma organização governamental segundo a lógica intersetorial, com a missão de proporcionar a melhoria de condições de vida da população de sua área de abrangência. Também podemos perceber a preocupação das ASL's com o conceito de "promoção em saúde", discurso este ancorado em Ferraz (1998) admitindo que a promoção, tendo o eixo da qualidade de vida, tem a tendência para apontar na direção de novas estratégias colocando a saúde na sua dimensão intersetorial.

O DSC que foi construído através da IC da **avaliação** enquanto continuidade do planejamento também se apresentou único e, num primeiro momento, não demonstrou tanta importância, mas nas releituras das entrevistas percebemos que sua omissão na dissertação seria desprezar um aspecto importante oferecido pelas ASL's:

> **DSC:** *"Eu me preocupo muito mais em avaliar as ações do que em planejá-las, porque a continuidade do planejamento se perdia no dia a dia, a avaliação não era tão participativa como a elaboração, ficava centrado na pessoa da chefia ou em outro funcionário".*

Santos Filho e Costa (1999), reafirmam que a avaliação é eixo central no planejamento de ações, cuja implementação é papel do gestor local, sendo necessário o envolvimento da Secretaria para assegurar sua prática preparando-se e disponibilizando para acompanhar o gerente local.

No DSC cuja idéia central referia-se ao conceito de **território**, percebe-se que o modelo da Vigilância à Saúde e seus pressupostos obtive frutos saudáveis, o planejamento inclui utilidade se permitir circunscrever um problema no âmbito em que há capacidade para enfrentá-lo e que para isso o conhecimento do território em processo é pré-requisito básico (Mendes, 1994). Assis et al (1996), reconhece que a territorialização enquanto estratégia de gerência permite reconhecer a dinâmica da realidade em permanente construção, portanto esta apropriação se constitui em ferramenta básica para um planejamento local efetivo. Cabe ressaltar que se pensarmos na avaliação como um processo mais amplo de gestão, o reconhecimento e a apropriação contínua do território deve se constituir em prática avaliativa, fala esta apresentada no discurso a seguir:

> *DSC:* "*O conhecimento da área e da comunidade, principalmente no sentido de que eu tenho informantes chaves facilita realizar o planejamento. As equipes foram se apropriando do território, foram aprofundando os problemas de cada área de abrangência ... Pude desenvolver em cima do território, conhecendo-o, ampliando ações e buscando ações intersetoriais. Eu tenho que conhecer para quem estou planejando...* "

No DSC que faz menção à **autonomia** do gestor local podemos verificar a fala da autonomia relativa do nível local, a necessidade de um maior empenho em questões simples e o avanço à descentralização que ainda deve ser incorporado pela instituição:

> *DSC:* "*A Unidade local tem uma autonomia relativa em todos os aspectos porque ela não se encontra isolada.... Eu acho que no planejamento local esta autonomia também é relativa, porque existem coisas que se repetem na cidade como um todo. O que necessito é de autonomia no aspecto de permitir execução de pequenas ações, mas não consigo porque os recursos não permitem ou o sistema de informações não gera a informação do jeito que eu quero. Temos que avançar muito na questão da descentralização*".

A citação de Cecílio (1991, p. 71), quando relata o trabalho da SMS de Campinas pode nos ajudar a entender melhor este discurso:

> "Lógico que é necessário considerar que existem diferenças entre a possibilidade (e necessidade) de trabalhar a questão da viabili-

dade política entre a equipe dirigente, de nível central e as equipes locais. As últimas têm menor "grau de liberdade", menor poder de decisão que a primeira".

As duas IC a seguir que compõem grupos de discursos a respeito da participação de equipe e da comunidade nos faz pensar na idéia do planejamento participativo e da presença de diversos atores sociais rumo a uma avaliação com relações interpessoais e com os usuários.

Os DSC's da **participação da equipe** no processo de planejamento estabeleceu quatro discursos. O primeiro discurso revela a necessidade de aproximações constantes ao grupo de trabalho com duplo objetivo: fazer a equipe conhecer o problema e levantar novas propostas de ação; o segundo tem como preocupação a cumplicidade que é garantida quando o planejamento é participativo; o terceiro refere a necessidade da participação, mesmo quando as condições institucionais não sejam favoráveis e o último apresenta alusão a um planejamento realizado com envolvimento, concluindo que é uma *"forma de fazer um combinado com todo o mundo"*.

Para que o processo de planejamento seja realmente participativo temos que oferecer o artifício da comunicação. Numa de suas ponderações sobre o Agir Comunicativo e o Planejamento, Uribe Rivera (1995), menciona que a arte da gerência pode ser confundida com a comunicação quando aquela é baseada em compromissos de ação legítimos. Pressuposto refletido no DSC acerca da participação da equipe que pode ser corroborado com a análise realizada por Artmann, Azevedo e Sá (1997, p. 739), ao enfoque estratégico de planejamento local:

> "A adesão ao projeto/plano não pode ser construída com base apenas na participação dos profissionais no momento de discussão mais sistemática do plano/projeto, mas deve expressar-se também no seu envolvimento cotidiano com a realização de operações/ações e com busca de resultados".

Sendo inegável que a prática da ação comunicativa e as sucessivas aproximações ao plano com lógica participativa contribuem para o seu sucesso.

DSC1: *"Toda a semana a equipe se reúne para planejar, para discutir, para mudar as estratégias, eu acho importante discutirmos porque a equipe toda fica sabendo o que está acontecendo e neste momento aparecem outras coisas que a gente não apontou..... Quando chega dezembro vamos nos reunir novamente e veremos o que faremos de diferente para o ano que vem".*

DSC2: *"Tem uma coisa que eu acho importante: agregar e ter a cumplicidade de toda a equipe.... A equipe participa, palpita, reclama, briga, daí quando as atividades estão acontecendo eles sentem-se mais responsáveis, donos do processo, as atitudes são diferentes e isso conta muito tornando o processo de planejamento participativo....Se não houver participação da equipe não há planejamento".*

DSC3: *"Eu não tenho um tempo para reunir toda a equipe..... Mas se eu centro o enfoque, todo o tempinho que tenho e que a Unidade tem, paro para pensar com três ou quatro pessoas, porque eu volto a insistir: pode-se planejar com o médico, o enfermeiro, mais um ou dois auxiliares para um determinado programa, ou você pode chegar e despejar ou dizer – sentei e decidi que nós vamos... As pessoas concordam, mas não se sentem parte e na hora da implantação não são muito responsáveis".*

DSC4: *"O planejamento estratégico era superlegal porque a gente envolvia toda a equipe, tinha a mesma linha, todo mundo fazendo a mesma coisa e com o mesmo objetivo, particularmente eu sinto falta de um planejamento porque era uma forma de fazer um combinado com todo mundo".*

Os DSC's da **participação comunitária** são adversos em sua configuração, fazendo-nos pressupor que diferentes níveis de participação comunitária estão acontecendo na cidade. O primeiro se refere a um sonho de mobilização da comunidade rumo ao processo de planejamento; o segundo apresenta um convívio comunicativo com o CLS para a priorização e participação no plano, e o terceiro vê a importância da comunidade no planejar, mas apresenta um discurso baseado na presença de dois grupos distintos: o que não participa e o que participa com bandeiras político-partidárias. O que é comum a todos estes discursos é a importância inferida ao ator social (população na composição do planejamento local).

Viana (1998), ao discutir a descentralização das políticas sociais afirma que as experiências mais bem sucedidas, neste sentido, foram as que tiveram amparo na mobilização popular, não apenas no controle social, mas na criação de "cooperação social" através de uma cidadania ativa e responsável. Esta afirmativa pode ancorar o terceiro discurso que aponta a necessidade da apropriação do conceito de cidadania. Por outro lado, Junqueira e Inojosa (1992), salientam o imperativo do resgate do compromisso do profissional com o usuário, que demanda diálogo constante resultando em estabelecimento de responsabilidades reais; fato este que pode ser apreciado quando lemos o segundo discurso ancorado no compartilhamento de responsabilidades e construção conjunta do planejamento.

> **DSC1:** *"Se dentro do planejamento local houvesse um envolvimento do CLS e conseguisse a mobilização da comunidade seria um sonho.... Nós temos uma parcela de participação no CLS legitimados pelas conferências, mas eu sei que elas saem porque puxamos pra sair.... Então quando trabalho as metas, os objetivos, na prática o planejado não acontece porque a população tem outras prioridades e outras dificuldades".*

> **DSC2:** *"O CLS é um grande facilitador ou um grande dificultador... É um grande exercício trabalhar com este pessoal. Nas reuniões do CSL identificam-se os problemas porque o próprio conselho vem falar para a gente. Se não houver participação da comunidade, você não faz planejamento".*

> **DSC3:** *"O aspecto da participação comunitária é muito aquém, as pessoas estão muito alheias à própria cidadania e a participação é muito incipiente: elas não participam ou participam em grandes bandeiras, são politizadas partidariamente. Tinha que ter um meio termo, uma participação comunitária que tivesse uma percepção de cidadania, aí compartilharia responsabilidade...".*

Os DSC's que faziam referência à **cultura institucional** de planejamento também apresentaram divergências, apesar de proporcionar um discurso hegemônico de que o processo de planejamento é fruto de uma tradição da instituição e, portanto, consolidado na atuação da ASL, há presença de outros DSC's, com menor intensidade, mas com várias implicações neste tema. O segundo presencia um planejamento descendente a partir do plano municipal que é visto como direcionador de demandas, é o discurso da resposta às demandas do nível central, focalizado e amparado anteriormente pela configuração da agenda da ASL. O terceiro discute a presença do apoio distrital para consolidação do plano local, é o discurso do espaço para criatividade; e o quarto apresenta o ponto de vista do valor dado ao processo de planejamento, é a fala da obrigação do planejar.

O discurso hegemônico é ancorado por pressupostos levantados no texto desta dissertação quando apresentamos a prática do PES em Curitiba que estabelece raízes naqueles que são parte do corpo gerencial da SMS. Por outro lado, Merhy (1993), aponta que o modelo de planejamento ascendente deve ter claro, entre outros pontos, a organização de um processo de trabalho que se paute na gestão coletiva, estimulando a criatividade das equipes para responder aos problemas apresentados pela comunidade e essa afirmativa pode levantar a questão apresentada pelo segundo e terceiro discursos, alertando para a construção do planejamento com a presença contínua e efetiva do ator social (gestor do sistema local). Por fim o quarto discurso nos remete ao estabelecido por Tancredi, Barrios e Ferreira (1998), quando afirmam que o planejamento deve ser atitude permanente do administrador, portanto não é uma mera ferramenta de trabalho, mas um processo tendo necessidade de incorporação deste à vivência da ASL.

> **DSC1:** *"O início do planejamento local na SMS aconteceu porque era uma linha estratégica, se queria o espírito de organização....O avanço foi muito grande, conseguimos muita coisa, temos acúmulo institucional e o planejamento está incorporado na cultura.... Hoje não faço mais uma "reuniãozinha" com uma "matrizinha", não consigo aquele planejamento "bonitinho" mas tenho outros ganhos que me faz ir em frente. Faz parte do meu discurso pensar planejando, tenho que conhecer a realidade do meu terri-*

tório, propor a intervenção e em cima disso estar avaliando, o planejamento é perene e de fato ele nunca termina, está sempre refazendo-se".

DSC2: *"A forma de trabalhar já vem meio pronta, eu vou dando conta dessa forma e o planejamento local ainda é muito em cima do plano municipal que dá as coordenadas.... Existem duas coisas: o planejamento que realizo e o do nível central. Apesar de querer alinhavar, eles estão estanques demais.....".*

DSC3: *"O planejamento local é fruto do estímulo do Distrito. Tem muitas coisas que eu gostaria de colocar em prática, mas tenho que ter apoio, pois sozinha não vou conseguir muita coisa..... ".*

DSC4: *"Muitas vezes eu realizei o planejamento porque era obrigada, não via a importância. Não tenho o costume de planejar e acho que isso complica a situação do planejamento em si, porque não sei a importância do planejar e não me obrigo a cumprir as metas do meu planejamento".*

Conclusão

"O planejamento local e o processo de avaliação nele contido contêm caminhos diversos, Uribe Rivera e Artmann (1999), alertam no sentido de que o desenvolvimento de metodologias e de enfoque de planejamento, bem como as posturas e condutas deverão enraizar solidariedade e compromissos "num permanente aprender a aprender" e isto é pressuposto de um grupo gerencial, refletido nos discursos apresentados."

Matus (1991, p. 42), apresenta uma grande contribuição a este respeito que ouso apresentar para finalizar estes comentários:

"A grande estratégia não é um jogo contra outros jogadores conhecidos, mas contra o óbvio, o rotineiro e o legitimado. É um jogo contra nós mesmos, como portadores de idéias de um mundo de seguidores. Lutamos para percorrer o novo, com menos atraso, a mesma via que seguem aqueles que imitamos? Se não pensamos na grande estratégia, estamos condenados a ser seguidores e a ficar sempre atrás dos que abrem o caminho que seguimos".

Cabe destacar que as ancoragens apresentadas nestas considerações foram buscadas na literatura lida e pesquisada durante o decorrer de meu estudo, e que a metodologia utilizada permite outras considerações ancoradas no que chamamos de "senso comum" embutido no pensamento coletivo, portanto não temos a pretensão de esgotarmos neste capítulo a discussão sobre o tema proposto e, a cada releitura do material produzido, poderemos encontrar novas facetas e novos olhares ao objeto.

Referências bibliográficas

ARTMANN, E.; AZEVEDO, C. S.; SÁ, M. C. Possibilidades de aplicação do enfoque estratégico de planejamento no nível local de saúde: análise comparada de duas experiências. **Cadernos de Saúde Pública**, n. 13, v. 4, pp. 723-740, 1997.

ASSIS, M A. et al. O Processo de Gestão nas Unidades de Saúde: Limites e possibilidades de um novo agir em saúde. **Saúde em Debate**, Londrina, n. 52, pp. 58-66, 1996.

BURMESTER, H.; RICHARD, J. Planejamento e gerência estratégicos. *In:* CASTELAR, R. M., MORDELET, P.; GRABOIS, V. **Gestão Hospitalar - Um desafio para o hospital brasileiro**. Rio de Janeiro: ENSP, 1995.

CAMPOS, G. W. S. Considerações sobre o processo de administração e gerência de serviços de saúde. *In:* CAMPOS, G. W. L., MERHY, E. E.; NUNES, E. D. **Planejamento sem normas**. São Paulo: Hucitec, 1989.

CECÍLIO, L. C. O. A Construção de uma Cultura Institucional de Planejamento: Contribuição do Município. **Saúde em Debate**. Londrina: n. 31, pp. 67-71, 1991.

CECÍLIO, L. C. O. Uma sistematização e discussão de tecnologia leve de planejamento estratégico aplicada ao setor governamental. pp. 151-167. In: MERHY, E. E.; ONOCKO, R. (org.). **Agir em Saúde um desafio para o público.** São Paulo: Hucitec, 1997.

CONTANDRIOPOULOS, A. P. et al. A avaliação na área da saúde: conceitos e métodos. *In:* HARTZ, Z. M. A. **Avaliação em saúde dos modelos conceituais à prática na análise da implantação de programas**. Rio de Janeiro: Fiocruz, 1997.

CUBAS, M. R. **Planejamento Local de Unidades Básicas de Saúde: da teoria à prática aspectos facilitadores e limitantes**. Rio de Janeiro /Ponta Grossa, 2002, 111 p. Dissertação (Mestrado em Saúde Pública). Escola Nacional de Saúde Pública, Fundação Oswaldo Cruz/ Universidade Estadual de Ponta Grossa.

DUSSAULT, G. A gestão dos serviços públicos de saúde: características e exigências. **Revista de Administração Pública**, São Paulo, n. 26, v. 2, pp. 8-19, 1992.

FEKETE, M. C. Bases conceituais e metodológicas do planejamento em saúde. *In:* MINISTÉRIO DA SAÚDE. **Desenvolvimento Gerencial de Unidades de Saúde do Distrito Sanitário - Projeto GERUS**. Brasília: MS/FNS, pp. 223-37, 1995.

FERRAZ, S. T. Promoção da saúde: viagem entre dois paradigmas. **Revista de Administração Pública**, São Paulo, n. 32, v. 2, pp. 49-60, 1998.

FEUERSTEIN, M. **Avaliação: como avaliar programas de desenvolvimento com a participação da comunidade**. São Paulo: Paulinas, 1990.

GALLO, E. Inovação, planejamento estratégico e gestão de qualidade nas escolas médicas brasileiras. **Cadernos Fundap**, São Paulo, n. 19, pp. 131-152, 1996.

GAWRYSZEWSKI, V. O sistema de planejamento e seus métodos nos serviços de saúde do Estado do Rio de Janeiro. **Saúde em Debate**, Londrina, n. 32, pp. 43-47, 1991.

GIACOMINI, C. H. **Descentralização e Distritos Sanitários: aproximação ao deslocamento de poder no processo de distritalização da Secretaria Municipal de Saúde de Curitiba** , Londrina, 1994, 189 p. Dissertação (Mestrado em Saúde Pública), Centro de Ciências da Saúde. Londrina: UEL.

INOJOSA, R. M. Intersetorialidade e a configuração de um novo paradigma organizacional. **Revista de Administração Pública**, São Paulo, n. 32, v. 2, pp. 35-48, 1998.

JUNQUEIRA, L. A. P.; INOJOSA, R. M. Gestão dos serviços públicos de saúde: em busca de uma lógica de eficácia. **Revista de Administração Pública**, São Paulo, n. 26, v. 2, pp. 20-31, 1992.

LEFÈVRE, F.; LEFÈVRE, AMC. DSC Passo a Passo. Disponível em: <http://www.fsp.usp.br/~flefevre/dscpassoapasso.html>, acesso em: 24 abril 2001.

LEFÈVRE, F.; LEFÈVRE, A. M.; TEIXEIRA, J. J. V. **O Discurso do Sujeito Coletivo uma nova abordagem metodológica em pesquisa qualitativa**. Caxias do Sul: EDUCS, 2000.

MATUS, C. O plano como aposta. **São Paulo em Perspectiva**, São Paulo, n. 5, v. 4, pp. 28-42, 1991.

MATUS, C. **Adeus senhor presidente: governantes e governados**. São Paulo: FUNDAP. 1997.

MATUS, C. **Política, planejamento e governo**. 3ª ed., Brasília: IPEA. 1993.

MENDES, E. V. O planejamento local da vigilância da saúde no distrito sanitário. *In:* MENDES, E. V. (org.). **Planejamento e programação local da vigilância da saúde do distrito sanitário**. Brasília: OPAS/OMS. 1994.

MERHY, E. E. Planejamento Ascendente: Será que os Municípios têm algo a dizer sobre isto, para a montagem do SUS? Londrina: **Saúde em Debate**. n. 39, pp. 42-47. 1993.

MERHY, E. E. Planejamento como tecnologia de gestão: tendências e debates do planejamento em saúde no Brasil. *In:* GALLO, E (org.) **Razão e Planejamento. Reflexões sobre Política, Estratégia e Liberdade**. Rio de Janeiro: Hucitec - ABRASCO. pp. 117-49, 1995.

PAULA e SILVA, A. L. Princípios e Diretrizes. *In:* PAULA e SILVA, A. L. **Utilizando o planejamento como ferramenta de aprendizagem**. São Paulo: Instituto Fonte. pp. 13-29, 2000 .

SANTOS FILHO, S. B.; COSTA, S. M. B. Avaliação e planejamento local: perspectivas gerenciais no âmbito dos distritos sanitários. Londrina: **Saúde em Debate**, n. 23, v. 53, pp. 43-53, 1999.

TANCREDI, F. B.; BARRIOS, S. R. L.; FERREIRA, J. H. G. Planejamento em Saúde. *In:* TANCREDI, F. B.; BARRIOS, S. R. L.; FERREIRA, J. H. G. **Saúde e Cidadania para gestores municipais de serviços de saúde**. São Paulo: Editora Fundação Peirópolis. 1998.

TEIXEIRA, C. F.; MELO, C. O planejamento estratégico situacional em distritos sanitários: uma experiência no município de São Paulo. *In:* TEIXEIRA, C. F.; MELO, C.. *Construindo Distritos Sani-*

tários. **A experiência da Cooperação italiana no município de São Paulo**. São Paulo: Hucitec. 1995.

TESTA, M. **Pensamento Estratégico e a Lógica de Programação Local.** O Caso da Saúde. São Paulo- Rio de Janeiro: Hucitec. 1992.

URIBE RIVERA, F. J. **Agir comunicativo e planejamento social**. Rio de Janeiro: FIOCRUZ. 1995.

URIBE RIVERA, F. J. Planejamento estratégico-situacional ou controle de qualidade total em saúde? Um contraponto teórico-metodológico. São Paulo: **Cadernos Fundap**, n. 19, pp. 25-46. 1996.

URIBE RIVERA, F. J.; ARTMANN, E. Planejamento e Gestão em Saúde: flexibilidade metodológica e agir comunicativo. Rio de Janeiro: **Cadernos de Saúde Pública**, n. 4, v. 2, pp. 355-365. 1999.

VIANA, ALD. Novos riscos, a cidade e a intersetorialidade das políticas públicas. São Paulo: **Revista de Administração Pública**, n. 32,v. 2, pp. 23-33, 1998.

Pesquisa Avaliativa

Mercedes Trentini

Neste capítulo, pretendo apresentar a pesquisa avaliativa e suas articulações com outros tipos de pesquisa e tipos de avaliação, e sugerir a pesquisa convergente-assistencial como mais um método apropriado à avaliação de programas e serviços de saúde. Inicialmente, apresento uma classificação genérica da pesquisa, tendo em vista a existência de uma estreita relação entre a avaliação e a pesquisa, pois a avaliação utiliza os mais diversos métodos, instrumentos e técnicas da pesquisa. A literatura mostra vários modos de classificação da pesquisa, que pode ser de acordo com o nível de abrangência, com os tipos de objetos e ainda com a natureza dos dados (VASCONCELOS, 2002). Há quem classifique a pesquisa simplesmente como básica e aplicada.

Na pesquisa básica, são incluídos os estudos destinados a produzir conhecimento novo ou inédito e, portanto têm tendência a focar objetos conceituais que contribuam no avanço do conhecimento dos campos clássicos da ciência. Este tipo de pesquisa gera o conhecimento como um fim em si mesmo (ROESCH, 1999). Na pesquisa aplicada, os estudos têm o propósito de operacionalizar o conhecimento, ou parte dele, produzido na pesquisa básica. As teorias e construtos criados pela pesquisa básica dificilmente são utilizados diretamente na prática, devido à sua natureza que é de alta abstração; a pesquisa aplicada tem a finalidade de criar estratégias e instrumentos para implementação desse conhecimento; para isso, o pesquisador precisa antes entender a natureza e os problemas dos seres. Portanto, a pesquisa aplicada direciona-se para a compreensão dos problemas e para as formas de lidar com eles encontrando alternativas para minimizá-los e/ou solucioná-los.

Demo (1994), classifica a pesquisa em quatro categorias: a) *pesquisa teórica, ou básica*, destinada a gerar teorias, referenciais teóricos e conceitos; b) *pesquisa metodológica*, destinada a desenvolver técnicas, métodos e instrumentos; c) *pesquisa empírica*, que se propõe a codificar variáveis mensuráveis; d) *pesquisa prática*, com o objetivo de intervir na realidade social. Trentini e Paim (2004), apresentam a pesquisa dentro de três abrangentes dimensões metodológicas: *pesquisa de controle, pesquisa bibliográfica* e *pesquisa de campo*.

Pesquisa de Controle

Na pesquisa de controle, o pesquisador pode controlar e manipular variáveis independentes para testar, com a mínima margem de erro, os seus efeitos nas variáveis dependentes. Este tipo de pesquisa caracteriza-se principalmente pelo grande poder de generalização dos resultados e pela manipulação das variáveis independentes do estudo, poder que é favorecido pela aleatoriedade da amostra e pelo controle da validade interna e externa. A pesquisa de controle é considerada o método de maior fidedignidade para testar hipóteses de relação causa e efeito. Nessa categoria, estão incluídos os estudos experimentais e semi-experimentais que, geralmente, são realizados nas áreas das ciências naturais, mas também, em menor proporção, nas ciências sociais e ciências da saúde. Além desses desenhos, a pesquisa de controle inclui os que estabelecem relações significativas entre as variáveis tais quais: estudos correlacionais; "ex post facto"; estudos de previsibilidade; retrospectivos e perspectivos; estudos metodológicos; meta-análise; "survey", entre outros.

Pesquisa Bibliográfica

O termo, "pesquisa bibliográfica" é, comumente, associado a uma revisão de literatura conduzida para dar suporte a um determinado tema seja de pesquisa ou não. O termo "pesquisa bibliográfica" aqui se refere à coleta de dados bibliográficos como sendo o "corpus" do estudo, ou seja, a principal fonte de informação a ser analisada para a produção de resultados originais. Este tipo de pesquisa inclui, entre outros, a construção de teorias e/ou marcos conceituais pelo método dedutivo, além de estudos com o objetivo de traçar uma imagem do saber produzido ou identificar os vazios no conhecimento de uma área ou de um determinado tema. A meta-análise é um dos métodos utilizados para esse tipo de pesquisa, o qual permite que o pesquisador analise resultados de vários estudos sobre o mesmo fenômeno (BURNS e GROVE, 1993). Outro método é a análise secundária, que permite re-analisar dados de pesquisa obtidos e analisados em estudo anterior. A análise secundária pode ser feita tanto pelo pesquisador do estudo original quanto por outros. A intencionalidade da análise secundária consiste em responder a questões diferentes daquelas estabelecidas no estudo original ou então responder às mesmas questões sob outro ponto de vista e, ainda, utilizando diferentes métodos e técnicas de análise (SZABO e STRANG, 1997).

Pesquisa de Campo

Pesquisa de campo é um tipo de pesquisa desenvolvida no local onde os fenômenos ocorrem (GUEDES, 1997). Este tipo de pesquisa é bastante familiar nas ciências sociais, cujos estudos mantêm uma estreita relação entre o sujeito e o objeto, ou seja, as experiências do pesquisador e do pesquisado estão imbricadas no conhecimento desenvolvido, enquanto nas ciências naturais, existe distanciamento entre o sujeito e o objeto que produz um conhecimento objetivo, ou seja, uma ciência neutra, isenta de valores. A pesquisa de campo se agrupa em quatro sub-categorias: pesquisa indagatória, pesquisa-ação, pesquisa convergente-assistencial e pesquisa avaliativa.

Pesquisa indagatória

A pesquisa indagatória propõe-se a desenvolver o conhecimento teórico acerca da realidade sociocultural (TRENTINI e PAIM,

1999). A pesquisa indagatória utiliza métodos de investigação que possibilitam apreender a realidade por aproximação do sujeito e do objeto da pesquisa. Trentini e Paim (1999), afirmam que tal aproximação, contudo, não inclui, necessariamente, qualquer intervenção na realidade pesquisada, ou seja, os pesquisadores não estão comprometidos com a resolução de problemas ou introdução de mudanças na realidade. Grande parte das atividades de pesquisa na enfermagem se caracteriza como pesquisa de campo indagatória, a qual tem contribuído visivelmente para o aumento e crescimento de teorizações específicas para a área da enfermagem. Nesta categoria, está incluída, principalmente, a pesquisa qualitativa a exemplo de estudos fenomenológicos, etnográficos, históricos, teoria fundamentada nos dados, estudo de caso, entre outros.

Pesquisa-ação

O método da pesquisa-ação foi inventado por Kurt Lewin, que fez a primeira publicação nos Estados Unidos em 1946 (JENKES, 1995). A pesquisa-ação de Kurt Lewin tinha duas finalidades: conhecer e provocar mudanças de ordem psicossocial no sistema pesquisado; para isto, o pesquisador planejava a participação das pessoas chaves do sistema no processo de pesquisa (JENKES, 1995).

A pesquisa-ação foi utilizada principalmente logo após a Segunda Guerra Mundial nos Estados Unidos, como conseqüência das questões sociais existentes na época. A pesquisa-ação, como preconizada por Kurt Lewin, subdivide-se em quatro tipos: 1) **pesquisa-ação de diagnóstico**, destinada a proceder a diagnósticos de situações sociais e a elaborar e implementar planos de ação para solucionar os problemas diagnosticados; 2) **pesquisa-ação participante**, neste tipo todos os sujeitos da pesquisa são envolvidos ativamente no processo; 3) **pesquisa-ação empírica**, que consiste na descrição de experiências acumuladas do trabalho cotidiano em grupos sociais semelhantes; 4) **pesquisa-ação experimental**, este tipo é caracterizado pela ação de controle e manipulação de técnicas (BARBIER, 1985). O método de Kurt Lewin foi também utilizado para a intervenção exercida por revolucionários de esquerda, com o propósito de transformar radicalmente as estruturas sociais e políticas da sociedade (BARBIER, 1985).

Desta maneira, a pesquisa-ação passou a enfatizar mais uma revolução ideológica do que propriamente uma evolução do conhecimento. Com o passar do tempo, a luta de classes passou a ser menos radical e, conseqüentemente, o método de pesquisa-ação tem sido utilizado com menor freqüência. As estratégias da pesquisa–ação consistem numa negociação entre os pesquisadores e os sujeitos da pesquisa, os quais participam ativamente de todo o processo, quer seja nas decisões, quer nas atividades de intervenção e/ou de pesquisa, tornando-se assim co-pesquisadores de sua realidade (VASCONCELOS, 2002).

Pesquisa Convergente-Assistencial (PCA)

A pesquisa convergente-assistencial foi desenvolvida por Trentini e Paim, em 1999, com o intuito de oferecer estratégias de investigação exeqüíveis aos profissionais de enfermagem para a melhoria de sua prática cotidiana. Este tipo de pesquisa requer participação ativa dos sujeitos da pesquisa e está orientado para a resolução ou minimização de problemas na prática, ou para a realização de mudanças e/ou introdução de inovações nas práticas de saúde. Para isto, o processo de pesquisa deverá se articular com o processo de assistência em saúde. Essa posição é também sustentada por Boyd (1993), quando apresenta a possibilidade de integrar métodos de pesquisa na prática de enfermagem. A autora afirma que o tipo de dados relevantes para muitos estudos das situações de enfermagem coincide com dados requeridos para avaliar o "status" dos pacientes; ressalta, ainda, que os relatórios de enfermagem com registros diários das situações dos clientes podem ser contabilizados como dados de pesquisa.

A principal característica da PCA consiste na sua articulação intencional com a prática assistencial. Desta forma, as ações de assistência vão sendo incorporadas no processo de pesquisa e vice-versa, o que não implica em atribuir a marca de idênticas às características dessas duas atividades. Afinal, cada qual sustenta sua identidade própria, ou seja, tanto a PCA quanto a assistência têm as fronteiras delimitadas no que se refere à tipificação de conhecimento a que se vinculam, aos aspectos éticos, ao rigor científico que lhes é pertinente e à finalidade de suas respectivas atividades.

A articulação da PCA com a prática assistencial ocorre principalmente durante a coleta de informações, quando os participantes (pesquisadores e componentes da amostra) se envolvem na assistência e na pesquisa. A pesquisa convergente-assistencial inclui uma variedade de métodos e técnicas pelo fato de, além de obter informações, o pesquisador envolve os sujeitos pesquisados ativamente nos processos de pesquisa e assistência. Esse tipo de pesquisa articula a prática profissional com o conhecimento teórico, pois os seus resultados são canalizados progressivamente durante o processo de pesquisa para as situações práticas; por outro lado, os pesquisadores formulam temas de pesquisa a partir das necessidades emersas dos contextos da prática.

Pesquisa Avaliativa

A literatura tem mostrado a avaliação e a pesquisa como sinônimos. Alguns autores, no entanto, mostram o contrário, entre eles Cohen e Franco (2002), que apresentam a avaliação como "um processo de gerar informações sobre as operações e o impacto da aplicação de programas e políticas... e a pesquisa avaliativa como a aplicação de métodos empíricos ou de pesquisa científica à avaliação de programas..." (p. 78). Outros autores a exemplo de Contandriopoulos et al (1997) e Vasconcelos (2002), apresentam dois tipos de avaliação.

a) Avaliação normativa/administrativa que se utiliza de normas e critérios preestabelecidos. Esta não se caracteriza como pesquisa científica. Os critérios e normas utilizados nas avaliações normativas podem ser baseados nos resultados da pesquisa avaliativa/administrativa ou não avaliativa, ou nos julgamentos de "experts" na área da avaliação. A avaliação normativa/administrativa tem a intencionalidade de julgar um programa ou intervenção, comparando a estrutura, o processo e os resultados com base em critérios e normas (CONTANDRIOPOULOS et al., 1997).

b) A pesquisa avaliativa aplica métodos e técnicas da pesquisa científica, enquanto a avaliação normativa oferece uma apreciação da estrutura, do processo e dos resultados. A pesquisa avaliativa tem condições de produzir uma ou mais análises do conjunto tais como: análise estratégica, análise de intervenção, análise de produtividade, análise da implantação, análise do rendimento e análise dos efeitos de um programa ou serviço.

Cohen e Franco (2002), mostram que existe uma estreita relação entre a pesquisa avaliativa, a pesquisa básica e a pesquisa aplicada, e apresentam as peculiaridades de cada uma. A pesquisa básica propõe desenvolver e confirmar conhecimentos para modificar a realidade, enquanto a avaliação pretende buscar informação que sustente a tomada de decisão mais adequada possível, e cria instrumentos para o processo de implementação da decisão. Tanto a pesquisa aplicada quanto a pesquisa avaliativa proporcionam conhecimento para modificar a realidade, a diferença está no foco da investigação que, no caso da avaliação, está sempre centrado no julgamento de valor referente a uma intervenção, programa ou serviço com intuito para tomada de decisões. As relações entre a pesquisa em geral, pesquisa avaliativa e avaliação normativa/administrativa estão esquematizadas na Figura 1.

Em pesquisa avaliativa, pode-se conduzir diferentes tipos de análise: análise estratégica, análise da intervenção, análise de processo, análise da produtividade, análise do rendimento, análise da implantação e análise dos efeitos (VASCONCELOS, 2002; CONTANDRIOPOULOS et al., 1997). A pesquisa avaliativa, nos programas e serviços de saúde, objetiva a progressão do conhecimento conceitual em relação ao desenvolvimento do contexto de saúde em análise e em relação a metodologias de avaliação dirigidas à tomada de decisão e à implementação de alternativas para a reformação das ações e das instituições de saúde.

Os resultados da pesquisa avaliativa, de acordo com Belloni, Magalhães e Souza (2001), além de outros elementos, incluem alguma valoração sobre o objeto pesquisado, valoração sustentada pelo referencial conceitual e metodológico.

Patton (1990), apresenta dois modelos genéricos de pesquisa avaliativa: avaliação de resultados e avaliação formativa. A avaliação de resultados está centrada nos efeitos e resultados de programas, ou seja, julga um programa ou serviço com base no paradigma da inferência causal, o chamado "modelo da caixa preta". A avaliação baseada neste modelo trata o contexto a ser avaliado como uma variável dicotômica (existência ou não de efeitos desejados). Portanto, esse tipo de avaliação utiliza métodos e técnicas da pesquisa tradicional quantitativa (de controle) que valorizam a neutralidade, a generalização, o controle e a aleatoriedade. Roesch (1999), acrescenta que a avaliação de resultados requer algumas condições prévias, uma delas é de que o programa a ser avaliado esteja implementado por um certo espaço de tempo.

Figura 1 – Relação entre pesquisa e avaliação

A avaliação formativa, na interpretação de Patton (1990), não está orientada pelo referencial "causa e efeito"; ao contrário, utiliza um modelo mais "soft": propõe o melhoramento do objeto a ser avaliado de maneira a descobrir seus pontos fracos, pontos fortes e os vazios no conteúdo e no processo de implementação do programa, além de encontrar alternativas para minimizar e ou solucionar problemas. Neste tipo de avaliação, segundo Patton (1990), procura-se reformar, ou seja, dar melhores condições àquilo que se está avaliando. Esta visão de avaliação está sustentada pelo paradigma da "caixa chinesa", que valoriza múltiplas dimensões da organização (estrutural, pessoal, social, entre outras), e requer a integração dessas dimensões no decorrer de todo o processo avaliativo (SUSSER e SUSSER, 1996). Esse tipo de avaliação é, de certo modo, mais condizente com métodos qualitativos do que com os quantitativos de pesquisa. Como vemos, o que diferencia a avaliação de resultados da avaliação formativa é o referencial teórico-metodológico. Patton (1990), faz referência à pesquisa-ação como um desenho de pesquisa que pode ser utilizado na avaliação formativa. Saul (1988), propõe um novo paradigma (avaliação emancipatória) para a avaliação educacional e o mostra na avaliação de um programa de pós-graduação. "A avaliação emancipatória caracteriza-se como um processo de descrição, análise e crítica de uma dada realidade, visando transformá-la" (p. 61).

Tratando-se de avaliar práticas de saúde e práticas educativas, a avaliação é sempre um sistema complexo, pois estas práticas envolvem ações humanas de extrema complexidade. Toda ação humana

> "está sempre sujeita a inúmeras variáveis que a condicionam: pensar que na prática pedagógica se podem estabelecer e isolar variáveis independentes que, mediante manipulação ou intervenção produzirão efeitos pretendidos de antemão nos alunos, é ignorar que, em toda prática educativa, intervém elementos que não podemos controlar e muito menos uniformizar" (BALLESTER et al., 2003, p. 47).

O paradigma da complexidade também foi indicado por Hartz (1997), como sustentação da pesquisa avaliativa em saúde, implementada pelo método da pesquisa-ação que o considera como a expressão privilegiada do paradigma da complexidade.

Para Morin (1996), a complexidade suscita alguns mal-entendidos:

> "o primeiro consiste em conceber a complexidade como receita, como resposta, em vez de considerá-la como desafio e como uma motivação para o pensar. A complexidade aparece como uma procura viciosa da obscuridade. O segundo mal-entendido consiste em confundir a complexidade com a completude. Ao contrário, o problema da complexidade é o da in-completude do conhecimento. O pensamento complexo tenta dar conta daquilo que os tipos de pensamento mutilante desfaz, excluindo o que eu chamo de simplificadores e por isso ele luta, não contra a in-completude, mas contra a mutilação. Se tentarmos pensar no fato de que somos seres ao mesmo tempo físicos, biológicos, sociais, culturais, psíquicos e espirituais, é evidente que a complexidade é aquilo que tenta conceber a articulação, a identidade e a diferença de todos esses aspectos, enquanto o pensamento simplificante separa esses diferentes aspectos ou unifica-os por uma redução mutilante. Por-

tanto, nesse sentido, é evidente que a ambição da complexidade é **prestar contas das articulações despedaçadas pelos cortes entre disciplinas, entre categorias cognitivas e entre tipos de conhecimento**. De fato, a aspiração à complexidade tende para o conhecimento multidimensional. Ela não quer dar todas as informações sobre um fenômeno estudado, mas respeitar suas diversas dimensões" (pp. 176/7).

Ante o que foi dito a respeito da avaliação e da complexidade, apresento a pesquisa convergente-assistencial (PCA) como um referencial metodológico apropriado e facilitador na condução da avaliação formativa na área da saúde. A principal característica da PCA consiste na sua articulação intencional com a prática assistencial. Dessa forma, as ações de assistência vão sendo incorporadas no processo de pesquisa e vice-versa, o que não implica em tratar como idênticas as características dessas duas atividades, mas procurar conhecer a articulação entre a pesquisa em saúde e a assistência em saúde, a identidade de cada uma e a identidade unificada das dimensões da pesquisa e da assistência, bem como as diferenças entre elas. Assim sendo, considero a pesquisa convergente-assistencial uma sistematização complexa. A pesquisa convergente-assistencial está ancorada na experiência de enfermeiras no uso deste referencial na prática de pesquisa e tem como "eixo" norteador dois conceitos básicos que a caracterizam como tal: participação e interatividade.

Participação

Portal (1998), ao se referir à educação, expressa que:

> "a educação como fenômeno de autopromoção só será alcançada pela participação como uma ação a ser vivenciada pelos administradores educacionais no desempenho de seu compromisso político-social, o que convergirá para a elaboração de condições favoráveis de realização da cidadania – qualidade social de uma sociedade organizada, sob forma de direitos e deveres reconhecidos" (p. 224).

Ao se referir à assistência de enfermagem, Albuquerque (2003) afirma que, nos serviços de saúde, a participação dos usuários nas decisões em relação ao cuidado e tratamento não está sendo uma postura comum entre os profissionais. Albuquerque ainda adverte que, sem a participação dos envolvidos no cuidado, não haverá resolubilidade satisfatória dos problemas de saúde.

Para efeito da pesquisa convergente-assistencial, a participação é concebida como um exercício democrático, que envolve os principais atores do programa ou contexto a ser pesquisado no processo de reflexão, negociação e na decisão referente à resolução/minimização de problemas e na introdução de inovações nos programas de saúde. Acredito que o melhoramento dos programas organizacionais nas instituições de saúde só será alcançado pela participação no processo de avaliação dos que planejam, executam e dos beneficiados pelos programas e serviços. A participação implica em manter diálogo e este, como afirma Freire (1992), está imbricado na comunicação e a comunicação é "vida e fator de mais vida".

> "O diálogo tem significação precisamente porque os sujeitos dialógicos não apenas conservam sua identidade, mas a defendem e assim crescem um com o outro. Nem é favor que um faz ao outro. Nem é tática manhosa, envolvente, que um usa para confundir o outro. Implica, ao contrário, um respeito fundamental dos sujeitos nele engajados, que o autoritarismo rompe ou não permite que se constitua. O diálogo, na verdade, não pode ser responsabilizado pelo uso distorcido que dele se faça. Por sua pura imitação ou por sua caricatura. O diálogo não pode converter-se num "bate papo" desobrigado que marche ao gosto do acaso" (FREIRE, 1992, p. 118).

Interatividade

Este conceito se reflete na pesquisa convergente-assistencial, segundo Trentini e Paim (2004), pelo fato de que este tipo de pesquisa adquire maior importância pela ação exercida mutuamente entre a pesquisa e a assistência, a qual se manifesta pelo seu modo recíproco de proximidade e afastamento entre estas duas dimensões (pesquisa e assistência), Figura 2. Nesta proximidade-afastamento entre a pesquisa convergente-assistencial e a assistência, há permutas de recíprocas informações ao longo de ambos os processos (informações da pesquisa influenciando a prática assistencial em renovação e informações da prática alimentando as indagações processadas pela pesquisa). Esse movimento crítico constitui uma ponte interativa e se mostra em claro delineamento, seja em momentos metodológicos, cuja dominância é a participação no cuidar, em que o pesquisador envolvido está no cuidado; seja nos momentos em que o domínio maior é o da pesquisa, cuja dominância é metodológica, em que a equipe de assistência é franca participante. O ponto central nessa "dança" entre distanciamento e proximidade pesquisa-assistência, é que fica respeitada a autonomia de cada um desses processos. Durante a realização da pesquisa, as semelhanças e diferenças entre tais processos tornam-se visíveis e a constituição da ponte entre eles é a base comum à construção do conhecimento novo dessa prática assistencial. Esta ponte significa que a pesquisa e a assistência ficam circunscritas na interatividade e pela interatividade. O conhecimento e a prática profissional de enfermagem se imbricam na relação subjetiva entre sujeito e objeto.

Pressupostos da pesquisa convergente-assistencial

- O contexto da prática assistencial suscita inovação, alternativas de soluções para minimizar ou solucionar problemas cotidianos em saúde e renovação de práticas em superação, o que requer comprometimento dos profissionais em incluir a pesquisa nas suas atividades assistenciais unindo o saber-pensar ao saber-fazer.
- O contexto da prática assistencial é potencialmente um campo fértil de questões abertas a estudos de pesquisa.
- O espaço das relações entre a pesquisa e a assistência vitaliza simultaneamente o trabalho vivo no campo da prática assistencial e no da investigação científica.
- A pesquisa convergente-assistencial implica no compromisso de beneficiar o contexto assistencial durante o processo investigativo, ao tempo em que se beneficia com o acesso franco às informações procedentes deste contexto.
- O profissional da saúde é potencialmente um pesquisador de questões com as quais lida cotidianamente, o que lhe possibilita uma atitude crítica apropriada à crescente dimensão intelectual no trabalho que realiza (TRENTINI e PAIM, 2004, pp. 27/8).

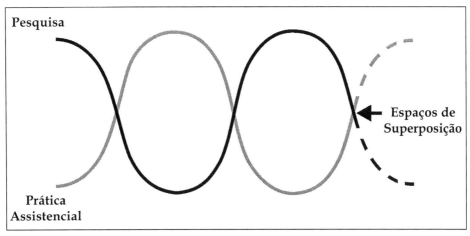

Figura 2 – Movimentos de aproximação, de distanciamento e de convergência da pesquisa e da prática assistencial, formando espaços de superposição destas atividades. Fonte: Trentini e Paim (2004).

Pesquisa Convergente-Assistencial e a Avaliação Formativa em Programas/ Serviços de Saúde

Para a avaliação de programas/serviços de saúde pelo método de pesquisa convergente-assistencial, sugiro o desenvolvimento de seis fases de procedimentos mostradas na Figura 3.

Figura 3 – Fases da avaliação de programas/serviços pelo método da pesquisa convergente-assistencial.

105

Negociação

Esta primeira fase inicia com a percepção de alguém envolvido no programa, profissional da saúde ou mesmo usuário, de que algo não vai bem no programa/serviço; suspeita-se que necessita de resolução/minimização de problemas e de inovações. O pesquisador que geralmente também atua no programa, ou seja, pertence à equipe do programa, iniciará um processo de autoconscientização com as pessoas que atuam no programa, de forma direta ou indireta, coloca a sua percepção e ouve o que os demais têm a dizer sobre o assunto. Para isto, pode-se lançar mão da técnica de discussão e reflexo em grupo que, dependendo do porte do programa/serviço, necessitará formar vários grupos. Os sujeitos do grupo incluem os formadores, executores e beneficiários do programa/serviço a ser avaliado. O grupo poderá ser consultado sobre o interesse e disponibilidade de participar de maneira ativa ou passiva na pesquisa, que poderá ser por meio de representantes de cada categoria. O grupo também opinará sobre quais as dimensões do programa/serviço a serem avaliadas e sobre a formação de possíveis parcerias, que podem ser de natureza inter ou extra-institucional.

Na pesquisa convergente-assistencial, essa negociação torna-se indispensável, pois uma característica deste tipo de pesquisa é a participação dos envolvidos no contexto pesquisado. Este processo de negociação corresponde à assistência de que faz menção o método da pesquisa convergente-assistencial. O pesquisador, ao refletir com o grupo e negociar a participação na pesquisa, já estará atuando na prática do contexto pesquisado.

Descrição do contexto

A descrição do contexto requer informações que caracterizem o programa/serviço de saúde, incluindo a sua evolução histórica, os objetivos, normas, recursos materiais, recursos humanos, metodologias de trabalho entre outros. Em outras palavras, a descrição corresponde a uma fotografia do contexto. Para isso, os pesquisadores/avaliadores necessitam de informações fidedignas, que podem ser obtidas com a utilização de vários métodos e técnicas: observação participante, entrevistas, documentos, experiência própria, entre outros.

O enfoque da avaliação

Nesta fase da pesquisa, será dado o enfoque da avaliação, que deverá apreender o fenômeno em sua totalidade, tentando conhecer as articulações e as diferenças entre as partes do "todo", bem como a identidade de cada uma das partes do fenômeno, com o propósito de solucionar/minimizar possíveis problemas e introduzir inovações no contexto da pesquisa. Este processo implica numa exaustiva obtenção de informações, no registro cuidadoso de todas as informações obtidas e numa análise preliminar do material coletado.

Em relação aos métodos e técnicas de coleta de informação, vale o que foi dito na fase anterior, ou seja, a utilização do método de triangulação (diferentes instrumentos e técnicas de coleta de informação). A amplitude e a complexidade do fenômeno a ser avaliado dependerá do enfoque dado pelo pesquisador, e disso também dependerá a amplitude da triangulação. O sucesso do processo de avaliação pelo método da pesquisa convergente-assistencial, dependerá da habilidade do pesquisador em lidar de forma interativa com os formadores, executores e beneficiários do programa/serviço, e de trabalhar com diferentes métodos e técnicas de coleta e de análise das informações. Avaliações deste porte, geralmente, requerem dados primários e secundários buscados em várias fontes de informação.

Reflexão

As fases anteriores correspondem a uma das características da pesquisa convergente-assistencial, marcada por movimentos de aproximação da prática assistencial; a fase da reflexão, ao contrário, corresponde ao movimento de afastamento, pois o pesquisador, nesta fase, já não faz ligações dos dados obtidos com sua atuação na prática, mas reflete e analisa as informações por elas mesmas. Esta fase inclui uma síntese das informações, criada a partir do exame subjetivo das associações e variações dos diferentes tipos de informação, e será substanciada por uma discussão e interpretação à luz do referencial teórico-metodológico utilizado. Esses resultados mostrarão o programa/serviço com seus pontos fortes e fracos, seus vazios e, enfim, como realmente está funcionando, e vão gerar uma série de alternativas a serem implantadas para o melhoramento do programa/serviço. Nesta fase, poderá ser criado novo conhecimento referente ao tema "avaliação" ou a temas paralelos surgidos das reflexões sobre as informações obtidas durante o estudo.

Tomada de decisão

A fase de tomada de decisão caracteriza-se por um processo coletivo, dialógico com a participação do grupo formado na primeira fase e demais envolvidos no programa que se dispõem a participar, a fim de apresentar e discutir o documento com os resultados da pesquisa e decidir sobre alternativas a serem contempladas. Nesta fase, também será definido um grupo que se responsabilizará pela elaboração de estratégias de implementação da decisão, ou seja, o novo rumo do programa/serviço. Quando falamos de processo coletivo, entendemos que, tratando-se de programas de assistência à saúde, representantes da comunidade dos usuários deverão ser incluídos no grupo de tomada de decisão, pois podem contribuir, com base na própria experiência, quando do uso do programa/serviço. A pesquisa convergente-assistencial comunga a mesma crença de Matida e Camacho (2004), quando sugerem uma interlocução entre os avaliadores e os que tomam decisões; acrescente-se aqui que, tratando-se do modelo da pesquisa convergente-assistencial, este diálogo deverá ocorrer em todas as instâncias do processo da avaliação.

Implementação da decisão

A implementação, dependendo da amplitude da problemática do programa, implicará em um trabalho de reformulação ou reformação do programa/serviço. Esse trabalho será facilitado se o grupo de avaliadores tiver sucesso no envolvimento das pessoas-chave do programa no processo de avaliação. Pois quem participa ativamente de um evento sente-se responsável pelo seu sucesso. A pesquisa convergente-assistencial prima pela interação do processo que gera conhecimento com o processo de implementação deste conhecimento. Portanto, nesta fase, a pesquisa e a avaliação (prática de implementação) tornam a se aproximar para construir as articulações entre o conhecimento gerado pela pesquisa e o fazer na prática que, no dizer de Morin, envolve complexidade.

Referências bibliográficas

ALBUQUERQUE, G. Compartir a decisão é a melhor decisão. *In:* TRENTINI, M.; PAIM, L. **Pesquisa e assistência**: experiências com grupos de estudos na enfermagem. Curitiba: Editora Champagnat, Coleção Saúde Didatik 3, 2003.

BALLESTER, M. et al. **Avaliação como apoio à aprendizagem**. Porto Alegre: Artmed, Coleção Inovação Pedagógica, 2003.

BARBIER, R. **Pesquisa**: ação na instituição educativa. Rio de Janeiro: Zahar, 1985.

BELLONI, I.; MAGALHÃES, H. de; SOUZA, L. C. de. **Metodologia de avaliação em políticas públicas**. 2ª ed., São Paulo: Cortez, Coleção Questões de Nossa Época, v. 75, 2001.

BOYD, C.O. Toward a nursing practice research method. **Advances Nursing Science**, v. 16, n. 2, pp. 9-25, 1993.

BURNS, N.; GROVE, S. K. **The practice of nursing research**: conduct, critique & utilization. 2ª ed., Philadelphia: W. B. Saunders, 1993.

COHEN, E.; FRANCO, R. **Avaliação de projetos sociais**. 5ª ed., Petrópolis: Editora Vozes, 2002.

CONTANDRIOPOULOS, A. P. et al. A avaliação na área da saúde: conceitos e métodos. *In:* HARTZ, Zulmira M. A. (org.) **Avaliação em saúde**: dos modelos conceituais à prática na análise da implantação de programas. Rio de Janeiro: Fiocruz, 1997.

DEMO, P. **Pesquisa e construção de conhecimento**: metodologia científica no caminho de habermas. Rio de Janeiro: Tempo Brasileiro, 1994.

FREIRE, P. **Pedagogia da esperança**: um reencontro com a pedagogia do oprimido. 3ª ed., Rio de Janeiro: Paz e Terra, 1992.

GUEDES, E. M. **Curso de metodologia científica**. Curitiba: HD Livros, 1997.

HARTZ, Z. M. A. Explorando novos caminhos na pesquisa avaliativa das ações de saúde. *In:* HARTZ, Z. M. A. (org.) **Avaliação em saúde**: dos modelos conceituais à prática na análise da implantação de programas. Rio de Janeiro: Fiocruz, 1997.

JENKES, J. M. New generation research approach. In: STREUBERT, H. J., CARPENTER, D. R. **Qualitative research in nursing**. Philadelphia: J. B. Lippicott, 1995.

MATIDA, Á. H.; CAMACHO, L., A. B. Pesquisa avaliativa e epidemiologia: movimentos e síntese no processo de avaliação de programas de saúde. **Caderno de Saúde Pública**, v. 20, n. 1, Rio de Janeiro. Jan./fev. 2004.

MORIN, E. **A ciência com consciência**. Tradução: Maria D. Alexandre e Maria Alice S. Doria. Edição revista e modificada pelo autor. Rio de Janeiro: Bertrand Brasil, 1996.

PATTON, M. Q. **Qualitative evaluation and research methods**. 2ª ed., Beverly Hills, CA: Sage Publications, 1990.

PORTAL, L. L. F. Participação: o desvelar de sua concepção como processo de conquista em construção diária. *In:* GRILLO, M. C. e MEDEIROS, M. F. de (org). **A construção do conhecimento e sua mediação metodológica**. Porto Alegre: EDIPUCRS, 1998.

ROESCH, S., M. A. **Projetos de estágio e de pesquisa em administração**: guia para estágios, trabalhos de conclusão, dissertações e estudos de caso. 2ª ed., São Paulo: Atlas, 1999.

SAUL, Ana Maria. **Avaliação emancipatória**: desafio à teoria e à prática de avaliação e reformulação de currículo. 2ª ed., São Paulo: Cortez, 1988.

SUSSER, M.; SUSSER, E. Choosing a future for epidemiology: II. from black box to chinise boxes and eco-epidemiology. **Am. J. public Health**, v. 86, n. 5, pp. 674-7 (Medline), may, 1996.

SZABO, V.; STRANG, R. V. Secundary analysis of qualitative data. **Adv. Nurs. Sci**. 20 (2) pp. 66-74, 1997.

TRENTINI, M.; PAIM, L. L. **Pesquisa convergente-assistencial**: um desenho que une o fazer e o pensar na prática assistencial em saúde-enfermagem. Insular: Florianópolis, 2004.

TRENTINI, M.; PAIM, L. **Pesquisa em enfermagem**: uma modalidade convergente-assistencial. Florianópolis: UFSC, 1999.

VASCONCELOS, E. M. **Complexidade e pesquisa interdisciplinar**: epistemologia e metodologia operativa. Petrópolis: Vozes, 2002.